時兆文化
SIGNS OF THE TIMES
110 ANNIVERSARY

山洞裡的富豪

道格‧巴契勒 口述 ｜ 馬利蘭‧涂克 著 ｜ 李鳳娥 譯

THE RICHEST CAVEMAN

一段因被愛得自由的真實故事……

父親是億萬富翁，母親是演藝圈紅人，他卻獨居荒僻山洞與遊民翻垃圾覓食，讓人羨慕的天之驕子，他在追尋什麼？

在監獄及愛滋、癌末病房出入多年，
真見到人在無奈中的那份無奈。
但上帝的愛，可以改變我們的一切。
不信，請看《山洞裡的富豪》。

★★★★★
榮獲美國亞馬遜書店
五顆星推薦
名列臺灣省書店勵志類
圖書暢銷榜
台灣佳音電台好書推薦

真情推薦
孫越｜宇宙光終身義工

在一次的佈道旅程中，我以一天半的時間讀完《山洞裡的富豪》並感動不已。我極願推薦此書並為之作序。

老實說，在監獄及愛滋、癌末病房出入多年，真見到人活在無奈中的那份無奈。但是，從道格・巴契勒在山洞中再度認真細讀《聖經》起，他的生命已找到了真正的依靠。這就是「若有人在基督裡，他就是新造的人。舊事已過，都變成新的了。」

在我的經驗裡，死刑犯在行刑前，的確能真心悔改，向被害人家屬及社會致歉，並坦然捐出身體器官。癌末和愛滋病患也確能在面對生命最後關頭時不懼怕，卻有平安在心頭。我更有一次特別經驗是：以〈詩篇〉二十三篇為一位年老的病患禱告，在說到「我雖然行過死蔭的幽谷，也不怕遭害，因為你與我同在，……」時，床邊生理監視器上的波動圖形就成了直線，直直地，直直地。這說明老人安祥地走了。此時老人的子孫們也都圍繞在床前禱告，感謝主耶穌的憐憫。

我們說，人生不如意事十有八九。這是一份無奈，但上帝的愛，可以改變我們的一切。不信，請看《山洞裡的富豪》。

孫越◎宇宙光終身義工

　　人心靈的空虛，惟有神的愛能填滿。

　　《聖經》裡有一個撒馬利亞婦人嫁了五個丈夫還不滿足，當她遇見耶穌時，主應許她說：「我所賜的水要在他裡頭成為泉源。」她就得到滿足，連生命也改變了。

　　本書中的主角擁有一切美物，但仍無法滿足內心的飢渴，直到他遇見基督，人生才有轉折、喜樂。

　　所羅門說這世界能帶給人的，是「虛空的虛空」，耶穌卻說：「我來是叫人得生命，並且得著更豐盛。」（約翰福音10：10）

黃明鎮◎更生團契總幹事

1
出外闖蕩

在母親紐約的公寓裡，我坐在床沿掩面而泣，淚水滑過臉龐，沿著指縫潸潸而下。我不是輕易哭泣的人，但這次我真的失控了。自從學校開學那日起，我就不斷地打架滋事。現在我又闖下了大禍。我不禁懷疑我究竟還能不能成就任何事情？我似乎就是無法控制自己的脾氣！

如果媽媽在這兒，也許我們可以一起商量，討論解決的方法，但那晚她外出不在家。自從母親離婚後，她成天上班，少有時間陪我和哥哥。晚上她不是和朋友外出，就是在公寓裡開派對。我們很難得有機會彼此相聚。但現在，我的兄弟法肯——我最好的朋友兼敵人，因為罹患囊腫性纖維化疾病，需要較溫暖的氣候，他要搬到佛羅里達和父親同住。如今剩下我獨自一人在公寓裡，我是多麼渴望有人愛我，並關心我發生了什麼事。

我想到我那美麗的母親，她交遊廣闊，朋友大部分是演員、作家及歌星，她亮麗的外表與才華，每每使她成為派對的女王。她著迷於演藝事業，就如飛蛾撲火般，打從她開始為貓王寫歌起，她的事業就一飛沖天。自我有記憶以來，她就已投入了數個演藝領域，為電視公司作曲、編

劇，參與一些電影角色，還兼影評人。

　　暑假時，她常帶法肯和我一起去工作；我們喜歡吸引那些明星們的注意。他們會趁拍戲空檔時過來和我們聊天、講笑話。其中有些很有名，到如今我還記得的，如：雷德巴頓斯（Red Buttons）、法蘭基亞維農（Frankie Avalon）、南茜辛納屈（Nancy Sinatra）、盧安（Rowan）和馬丁（Martin）、梅琳奧哈拉（Maureen O'Hara）和洛依布利基（Lloyd Bridges），但我最愛的還是三個臭皮匠（Three Stooges），他們常令我捧腹大笑！

　　然而在演藝世界，光鮮亮麗的明星背後，有些事卻困擾著我。當我年紀稍長且較為懂事後，我發現他們當中有相當高的比例是同性戀者，似乎他們大部分的人不是吸毒、就是酗酒，或兩者皆是，而且他們都不快樂。我常想不透，「為什麼他們這麼努力讓自己功成名就，卻仍然活得如此悲慘呢？」

　　就算我母親曾經發現他們生命中的矛盾之處，她也絕口不提，對她來說，愈刺激愈興奮的人生愈好。她常在我們公寓裡開舞會，但所有的客人幾乎都只是坐在那兒聊天和抽大麻。他們會做些愚蠢的動作，像是突然在人背後弄

出折手指的聲音，或對自己愚蠢的笑話大笑不已。有些人根本和真實的世界脫節了，他們就像鬼魅般漂浮穿梭於自己的世界中，那麼的怪異孤獨。

「孤獨」，我多麼痛恨這個字眼！獨自坐在床沿，白天的情景再度浮現在我的腦海裡。當我再度跟人鬥毆之後，校長尖酸的訓話，以及老師蹙眉的神情，使我覺得自己比一個蚌類還低等。「我是誰？我從何處來？為何我會在此？」這些問題對我來說已不再新鮮，我常注視著鏡子，內心忖度著。書本上教我們的，說我只不過是進化過程中的另一階段——一個過度進化的猿猴。如果這些就是人生，為什麼不讓它就這麼過去了呢？

我並不怕死，當你死去，只會腐爛變成一堆肥料罷了（就如老師教的）。我決定吞下一整瓶的安眠藥，躺在床上，從此不再醒來，就這麼簡單。

我毅然決然地站了起來，在褲子上抹乾手上的淚水，跨進浴室，打開醫藥櫃，注視著架上排列整齊的瓶瓶罐罐。哪一瓶是安眠藥呢？我知道媽媽每晚會服一兩顆幫助睡眠，但我沒注意她是拿哪一瓶，我開始一個接

1、出外闖蕩

008

一個地把它們全拿下來，讀每個標籤，但沒有一瓶寫著「安眠藥」。最後我發現一瓶上面寫著「睡前一顆，煩寧（Valium）」我十三歲了，但我從沒聽過這玩意呢！將藥瓶放回，我繼續尋找，但沒有一瓶看起來是對的。於是我再拿起「煩寧」，打開瓶蓋，將整瓶藥倒在手中，另一隻手拿了一杯水，握滿藥丸的手停在半空中。如果這不是安眠藥呢？如果這是女性荷爾蒙呢？如果它們只是讓我嘔吐、不舒服，我該怎麼辦？我不想再增加病症，我已經夠痛苦、夠悲慘了。我現在只想死！

我倚著牆，再次閱讀上面的標籤，沒什麼新發現。我站在那兒好久，試著決定該如何去做。慢慢地我又拿下瓶子，把手上的藥再倒回去，改天我一定會發現更好的方法來結束自己的生命。

回顧過去，我訝異自己為何如此盲目，無視於母親關心我的蛛絲馬跡。她試著以她的方式表達她對我的愛。她會為我們班編寫音樂劇，然後把我安排在主要角色。她也努力地投入揣摩角色、做服裝，甚至自己主動協助排演，這使她有一陣子無法工作，少了一些收入。

在法肯離開前，我們曾經享受過美好的相處時光，有時一起坐在客廳裡看電影，媽媽和我抽大麻，法肯因患囊腫性纖維化疾病而無法吸菸，媽媽就為他做餅乾，在裡面放了大量的大麻和印度大麻。印度大麻來自土耳其，不易取得，她只能在朋友旅遊順道帶回來時，才能分得少許，不過她總會在法肯的餅乾裡加入一些。我想，「這顯示她一定是在乎我們的。」

母親的娘家姓塔許（Tarshis），透露了她猶太人的血統。我的祖父母常說，我們和大數的掃羅（Saul of Tarsus，聖經人物）有親戚關係，但我認為他們是在開玩笑。當我們搬到紐約後，我母親發現大半的演藝事業工作者都是猶太人。她以猶太血統自豪，但對猶太教卻沒興趣。

在那次鬥毆事件後數週，我的成績單寄來了。我害怕、顫抖地拆開它，迅速地檢視整張成績單，果然慘不忍睹。我很快地將它折起，放入口袋裡。這種成績怎麼給媽媽看呢？

那個夜晚我心裡充滿了恐懼，我知道她一定會大叫、沮喪，可能最後還會大哭一場。我又再度想到自殺，也許

我可以從公寓屋頂跳下去。我想知道通往屋頂的門是否上了鎖，於是我坐電梯上頂樓，經過長廊，走上通往頂層的樓梯。試試門把，它輕而易舉地就被轉開了。我走出門外上到屋頂，爬上屋簷往下看，十六層樓，街上嘈雜聲迴盪在我耳際：汽車喇叭聲、引擎加速聲，以及遠方呼嘯的警笛聲。從高樓往下看，路上行人好似成群的螞蟻般橫衝直撞。

「為什麼他們這麼匆忙？」我問自己。「他們都往何處去呢？」我知道大部分的人一生汲汲營營，都是為了賺錢。

我想到我的父親，他是個擁有億萬財產的富翁，但他並不是啣著銀湯匙出生的。祖父在他七歲時就過世了，他身為四個兒子中的長子，他在街頭賣報紙、做任何找得到的工作，盡可能地幫助他的家庭，餵飽家裡幾張飢餓的小口。當他的弟弟們長大到可以開始工作分擔家計時，他正好滿十六歲，也預備離家了。當他離家時口袋裡只有幾毛錢。二次大戰他加入了空軍，學習飛行，盡可能地大量吸收與飛機相關的一切知識。

大戰後他退役，開始籌畫自己的公司，他有敏銳精準的商業頭腦，很快就建立了自己的事業王國。最後，他

擁有兩家航空公司和數架飛機。他熱愛飛行和飛機，所以當我哥法肯出生時，他以裝有渦輪引擎的噴氣式飛機「獵鷹」（Falcon，音譯：法肯）來為他命名，而我則是以「道格拉斯」噴射機（Douglas）為名。我想跟我同名的飛機比較厲害。

　　我父親閒暇時（這種機會不常有），他最喜歡的消遣是駕著自己的飛機和賽車。他和我母親離異後搬到佛羅里達州，住在一個需要特別執照或通行證才得以進入的獨特小島。當我去拜訪他時，我很高興他有女僕和男管家，他們倆經常是我僅有的同伴。父親每日和我一起共進早餐，但他總是把自己埋在報紙堆中。如果我和他說話，有時他會放下報紙回答我，但其他時間就僅僅是咕噥兩聲。我太年輕了，不曉得緊湊的行程讓他沒法休息，而早上閱報的幾分鐘，是他整天下來唯一可能屬於自己的時間。沒錯，他有一架萊爾噴射機、一輛勞斯萊斯汽車、安全警衛和自己的遊艇，但他看起來並不快樂。他是個有堅強意志力的人，因為他下定決心絕不再貧窮，因此他的生活非常緊湊，經常每週工作六天，每天工作十六個小時。

　　他成長於浸信會家庭，但宗教對他而言，只是家人朋

友灌輸給他的，他自己並不想參與。當他的第一任太太和男嬰在飛機失事去世後，我想他已失去了那僅有的一些信仰，並認定自己是個無神論者。

突然一陣風吹起，把我的思緒拉回到現實。我把腳趾伸出屋簷，靠著牆邊，希望下一陣風就能把我吹下去，免得我必須自己有勇氣跳下去。當我站在那兒遲疑時，我想起幾天前在報紙上讀到有個人從八樓摔下，失去了一隻手臂，背也折斷了，但最後卻沒死而殘活著。如果我也沒摔死呢？如果我落到終身疼痛且殘廢的下場呢？我一直發抖著。

其他事也拉扯著我的思緒，我是個慣常好奇的人，如果今天我去世了，明天我會錯失了什麼嗎？也許我還是再等等吧！

自殺的方便在於你總是可以延期。數年後的某一天，我母親來電說她正準備自殺，我便立刻向她指出這些自殺未遂的結果和自殺可延期的好處，因此救了她一命。

我從屋頂爬了下來，坐在那兒，一段啤酒廣告突然在我腦海裡浮現：「人生只能活一回，要抓住機會，即時行樂。」這個主意馬上吸引了我。我要抓住所有可能歡笑

刺激的機會，但當我得到快樂時，卻還想要追求更大的快樂。何不乾脆出去闖一闖，不用自哭自憐地講一堆想吞安眠藥、跳樓之類的事？何不直接離家！

2

軍校生涯

每次只要我在學校惹禍，媽媽總能想辦法幫我擺平事情，再找另一所新學校讓我就讀。九年內我換了十四所學校。如果我的父母能了解我的脫序行為，全是期望能夠得到他們愛和關注的一種呼求，那我的人生將會有多麼大的不同啊！只是他們倆都全神貫注在自己選擇的目標上，有太多的事比孩子更吸引他們。我下定決心要製造更多的麻煩，也知道自己的人生是失控了。換越多的學校，我學的越少。我很清楚知道自己需要的是紀律和人生規範。

有一天，母親的朋友蜜莉順道來訪。「明天我要到紐約上城的軍事學院去看我兒子，」她說，「你們家的小孩要不要一起去啊？我喜歡有人作伴，而且我想你們家小孩也會喜歡去參觀那所學校吧！男孩們，不是嗎？」她把問題拋給我們回答。

「當然！」我們不情願地回答。

我還記得五歲時讀的加州黑狐軍事學校（Black Fox Military Academy），當年我是學校裡年紀最小的學生，那時的記憶現在回想起來還算美好，所以我認為我也會喜歡這個學院。

「這是全國最好的軍校，世界各國的人都送他們的孩

子到這裡。它雖稱為紐約軍事學院，但實際上就像西點軍校的小學部。」我們開車前往那裡的途中，蜜莉吹噓著。

　　我的夢想縱然常是天馬行空的，但也從沒想過會有這樣的學校。象牙色的石頭建築物旁是廣大的綠色草地，連接著五彩繽紛的花圃。校園另一側有一個巨大的足球場和露天座椅，還有一個我所見過最大的室內游泳池。最吸引人的是那巨大的室內運動場，男孩們在一邊的墊子上摔角，另一邊有兩隊在打籃球。我打開另一扇門探頭一看，有男孩們在練舉重、擊沙包、打桌球，還有一些我從前聽說過的好玩運動。這和我在曼哈頓那間由鏈狀圍欄、褐色磚石建築所構成的學校相比，簡直是天壤之別；我們有的只是瀝青或水泥地板，沒有整片翠綠的草地。看著那些穿著筆挺、美觀制服的學生，在校園操練完美的行列，真是令人印象深刻。

　　我也許在行為上經常荒腔走板，但絕不是傻瓜，我很清楚眼前所見的是紀律、服從和規範的成果，我內心深處吶喊著：「我的人生也需要這樣的秩序！」

　　一回到家後，我馬上脫口而出：「媽，我一定要去上

那所學校！我總是到處惹麻煩，沒學到任何東西，這所學校就是我所需要的！」

「我不曉得，道格，」媽回答，「那裡學費很貴，而且我也不確定你能否適應管理這麼嚴格的學校？這是個軍校，你必須一天到晚聽人家命令。你知道嗎？」我不能責怪媽媽會有此質疑的態度，因為我從來就沒有好好完成過一件事，這次又會有什麼不同呢？

那晚我們圍坐在電視旁，吃著冰淇淋，媽媽和我也吸著大麻。參觀軍事學院的情景塞滿我整個思緒，我又再度提及此話題，「拜託，媽，」我哀求，「問問爸的意見，也許這是我變好的最後一次機會。」

「也幫我問！」法肯在電視廣告播放時突然冒出話來，「也許我們兩人可以一起去。」

媽媽的臉突然亮了起來，我知道她有了主意。「我知道了，我們來問問通靈板（Ouija）。」雖然她沒有特別的宗教信仰，但她比較相信神祕學。她演藝圈的很多朋友都相信星座、手相或巫術。媽媽進去房間，從櫥櫃上把通靈板取了下來，我們先問一些芝麻小事暖暖身，然後我們三人

2、 軍校生涯

各舉一根指尖輕輕放在指示器上，媽媽開始問：「道格可以去軍校嗎？」我們屏息以待，慢慢地指示器往上移動，針指在「可以」字上，對我來說，我並不覺得這是什麼超自然現象，因為是我給了它一點助力。

「法肯也可以去軍事學校嗎？」媽接著問。指示器稍微轉了一下，慢慢轉到「不可」字上，然後奇怪的事發生了，它又往上走，越過板子上層的字母拼出了「槍」(Guns)字，我們彼此對望著。

「槍不可」，我們輪流說著。我知道這次沒人幫忙推一把，沒人了解這是什麼意思，反正它也不會困擾媽媽。當晚，她就打電話遊說爸爸，最後他同意給我機會試試，並出錢資助我這趟新的歷程。

新年一過，我就搬到宿舍去。小心翼翼地把隨身衣物放進櫃子裡，襯衫和外套也掛起來放進衣櫥，心想：「他們看到我這麼有條不紊，一定會印象深刻吧！」

我根本不曉得自己的想法錯了，這裡有地方讓你放所有的東西，但所有的東西都有它一定的位置。哪些地方可以掛衣服，掛的順序是什麼，哪些地方可以放書，都有規

定，甚至我們內衣褲需摺成多長、多寬、多高，放在哪個櫃子裡，都有規定。

　　新學員總是成為被嘲弄的對象，我們經常在走廊就被位階較高的人攔下責打，或是被要求立正站好。他們會將我們的兩頰拉得長到可以摺疊，或重複說一些句子，例如：「一個新兵是這個世界的人渣，長官。」，並且每個字中間還得加上「長官」，結果這句話就會被說成這樣：「一個（長官）、新的（長官）、兵（長官）、是（長官）、這個（長官）、世界（長官）、的（長官）、人渣（長官）。」這些話都得板著臉說，說不好就得一再重複，這種情況經常發生。

　　在這裡每一天的活動都開始得很早。早上六點透過廣播吹起床號，我們不可能賴床。半小時後在閱兵場舉行早點名，盥洗沐浴必須在三十分鐘內完成。冬天，如果你沒時間完全吹乾你的頭髮就跑到操場，你的頭就可能因此結冰。但如果你為此而遲到，就算是遲到一秒，還是得接受處罰！

　　早點名之後，接著我們要趕回去清潔寢室。有些傢伙的房間檢查沒通過，床單突起、房間凌亂，他就得重頭再

來。床單需拉得平整，甚至銅板掉下去也會往上彈起。然而整理房間這事，是不能當做遲到藉口的。我們整隊後會答數行進去用餐，再行進回來，經常這要花上兩倍的時間。

這裡對體罰從不遲疑，當然不是由下士，而是由冷酷無情的教官處罰我們。我清楚記得，第一次有個老師命令我彎下身、靠在桌上，他抽下那有金屬孔的軍服皮帶，用他所有的力量往我背後抽打下去，桌子和我往上飛起，桌子斷成兩半，我大叫一聲，全班哄堂大笑。當時我只是個十一歲的孩子，但那老師卻不斷地說：「你是個男人，你現在是個男人。」我很快學到教訓：不要哭泣、不要打電話回家抱怨，否則你會被嘲笑直到你離校為止。

他們不是每次都用皮帶抽打，有時只是突然扯住你的頭髮轉圓圈，或重擊你的頭。儘管這些男孩都是有錢人家的小孩，但軍官們從不縱容任何一個學生。我的朋友拉斐爾‧特魯希略（Rafael Trujillo），是多明尼加共合國獨裁者的兒子，在學校也不過被當成普通的傢伙對待。我和他是好哥兒們，當他接到消息，說父親在西班牙一場意外中被殺害時，我就在他身旁。

我對星期天需要上教堂作禮拜一事感到非常困擾。他們說：「你必須選個教堂，每個星期日去聚會。」他們上教堂當然只是為了應付出席記錄。

我告訴他們：「我不能去，如果只參加猶太會堂，我父親會生氣；但如果參加新教教會，我母親又會不高興。」他們不喜歡這樣，但也沒辦法。我就在猶太會堂和新教教會間來來去去。有一個星期日我到天主教堂，那個神父一邊主持禮拜還一邊抽菸，我很不喜歡，從此就不再到那裡去了。

那時我對上帝的形象觀感並不好，天主教及新教教義都告訴我們，本質上如果你是好人，就可以上天堂；但如果你是壞人，小心！上帝有個酷刑牢房叫做地獄，在那兒你會永世不得翻身、在熾熱的硫磺裡起水泡。我覺得很不合理，上帝為何會為了短暫人生的過錯，就對付祂自己創造的子女，處罰他們，讓他們落入萬劫不復的境地？而在審判日之前就把人推入地獄，我也覺得很不對。我認為上帝很殘忍，不懂人們為何會喜歡祂。後來的歲月裡，我很高興發現，這地獄的意像並不存在於《聖經》中。

那年夏天，法肯和我到加勒比海上的一座小島露營，在那裡我們浮潛、滑水，並玩一些夏令營孩子會玩的活動。但我被一隻毒蜘蛛咬傷，傷口感染，差點失去一條腿。我還試著偷一艘帆船，想逃到無人島去。儘管我享受著自由，卻仍迫不及待地渴望開學，預備迎接軍事學院的另一個年度。

　　軍事學院的第二年，在各方面和第一年截然不同。我很快發現自己已晉升為中士，並當上每一連只有一位的連書記。看著制服上新加的條紋，我心裡充滿了驕傲。現在我不必聽命於人，而是可以對其他學生發號施令的人。我打各種報告、送文件、檢查學生有無私藏違禁品或藥物，及其他需要做的差事。這個職位真像是為我這放蕩不羈的人量身打造的。現在我有合法的藉口晚起，到任何我想去的地方，什麼時間都可以。最棒的是，我工作上的表現讓我覺得很有成就感。

　　我的雙親都具有強烈的意志，所以我當然也是充滿了競爭性。我們的寢室經常在整潔檢查中贏得好評，而在很多運動方面：摔角、足球、游泳及跳水，我屢屢得獎。

我的成績突飛猛進，生平第一次在學業成績上有優異的表
現。當有人請教我如何將皮鞋及皮帶擦得光亮時，我簡直
雀躍不已。這一年的學校生活給我的感覺，一直是一段最
快樂、最有收穫的時光。我確信，如果沒有接受那些訓
練，我將會是一個十足的蠢材。

　　然而，因為我們是男校，我們對女孩子有很多的遐
想，事實上甚至連八、九歲的小孩，也談得不比我們少。
雖然我很確信他們對女孩子的事那麼有興趣是裝出來的，
畢竟這樣做，感覺比較有男子氣概，其實他們也和我們一
樣愛吹牛。最後我認定了一件事，對我而言，女孩是這世
上最重要的事，然而，我們整個校園裡竟然連一個女生都
沒有！

　　罷了，我不必一直待在這所學校，我決定隔年要轉到
一個有女生的學校去。

3
逃家

經過一個快樂的夏天——浮潛、滑水、追女生，我再度回到紐約，媽媽已經幫我找到了一所大部分是猶太孩子上的私立學校——賓利中學（Bentley）。這裡的女孩們認為從軍校出來的男生都特別有魅力，我就是個活生生的例子。強健的體魄、黝黑的皮膚、自信的神情。男孩們尊敬我，因為我很能打架。我這樣的風光，事實上成了我的致命傷，因為我是那麼渴望被人接受和被愛，於是很快地，我又陷入自己的壞習慣中。剛開始，我每天從媽媽的儲藏櫃中偷一根菸，上課前跟同學在學校附近抽菸。當然我沒有就此打住，接著我開始偷兩根菸，另一根在回家的路上抽。沒多久我乾脆偷錢自己去買。

只要有朋友向我挑戰，任何事我都敢做。有一次在邁阿密，我甚至從橋上跳入海中。我發現我的行為愈瘋狂，就愈受注目。同學們開始叫我「野人」，我的成績逐漸退步，直到發現自己變得失控又極端的不快樂。

有一天放學後，我們一群人在公車站牌附近逗留，聊天、抽菸，有兩個長相很可愛、令我很想吸引她們注意的女生經過，我一時衝動脫口而出：「這個學校真是悶啊！

從沒什麼刺激的事，讓我想逃學！」

　　一個可愛的金髮小女孩名叫露（Lou），眼睛張得好大，她倒吸了一口氣，關心地問道：「噢，道格，不要！你不可以這麼做，你要逃去哪裡呢？」

　　「沒有錢怎麼離家呢？」另一個褐色頭髮、皮膚白皙的漂亮女孩問道。

　　「哼！他哪裡都不會去的，他只不過在說大話罷了。」羅德嗆聲。羅德這個小惡霸，他就是不喜歡我如此受人關注。不知不覺間，我把自己逼到了死角，唯一的出路是咬緊牙根，說到做到，否則從此會被人嘲笑，而後者當然是不堪設想的。

　　那夜我輾轉難眠，籌畫著該如何進行。我知道媽媽藏錢的地方，於是拿了她的三百元，搭了公車，往北朝我的老地方前進。我爬上軍事學院附近的小山坡，在那裡一個人露營了好幾天，從我紮營處可看到學院的建築，我多麼想再回去那裡。每天在樹林裡使我愈發感覺孤獨，直到最後沒辦法，只好放棄回家了。不過至少現在沒有人能嘲笑我了。回顧過去，我很想知道自己為何會讓父母如此傷

心？也許當時我認為沒有人關心我，所以我也不需要去關心別人。

　　第一次逃家的經驗，衍生出一個真正的冒險點子，它很快便形成了一個新計畫：我要和幾個朋友去墨西哥，種大麻來賺大錢，從此我們就可以隨心所欲了。我有一個特別喜歡的朋友，他是來自印度的大衛・麥肯林（David McLean）。溫和的脾氣、俊秀的外表，加上燦爛的笑容，他吸引女孩子的就如花蜜吸引蜜蜂般，連帶地也使在一旁的我倍受歡迎。他喜歡我狂野、敢衝的行事風格，我們倆一拍即合。但我們還需要第三人參與，我們該找誰呢？

　　「讓我們問問維克多！」大衛建議，「我曾聽說他想逃家。」

　　「我不知道，我覺得他看起來很遜。」我說。但考慮過幾個可能的人選後，我們最後決定問維克多是否有興趣跟我們一起走，他立刻欣然接受。

　　我告訴他們：「帶著你們的護照，我不想跟墨西哥政府過不去。」

　　「我們要到哪裡去找大麻的種子呢？」維克多想知道。

我向他們保證：「沒問題！我認識一個朋友，他有足夠的種子可讓我們開個農場，問題是怎麼帶進墨西哥而不被逮到呢？」我們討論了數種方法，最後發現一個完美可行的辦法：將《聖經》內的書頁挖空，然後把種子藏在裡面。一開始我覺得這似乎是褻瀆聖物的行為，但既然他們都無異議，我也只好抑止自己的良知。

我們仔細地安排計畫，出發的那天終於到來，我告訴他們：「我們在火車站會合，穿好一點的衣服，而且要穿戴整齊。如果我們穿得像個正在逃亡的人，我們很快就會被盯上。」

但維克多根本不理會我所說的，他穿著一件舊的軍式外套、補丁牛仔褲，還戴著一頂髒兮兮的工人帽，把衣服捆著揹在背後，活像身上帶了個大招牌──「我在逃亡！」

我們買了火車票，排隊等候上車，當我們正在等待的時候，三個警察朝我們走來。我摒住呼吸，但他們穿過大衛和我，把維克多圍住。他們開始盤問他，大衛和我假裝不認識他，跟在其他乘客後面上車，然後找了兩個位子坐

了下來。

「哦！實在太驚險了。你說要穿戴整齊，還真說對了，他們甚至沒看我們一眼耶！」大衛壓低聲音、興奮地說著。火車開了一、兩個小時，我們低聲交談著。但自由的時光卻是短暫的，在賓夕法尼亞州的一個小鎮，幾個警察魚貫地上了火車，慢慢朝我們的車廂走來。

「他們在找我們！」我對大衛耳語，「我們往後走！」但其他警察正等在那兒，他們不費吹灰之力就找到我們。維克多已經把我們全供了出來，把我們的名字、長相、計畫全告訴了警察。不久，我們竟和一個年僅十歲、就打死老婦人的兇手關在一起，光看著他就夠讓我毛骨悚然了！

少年監護所的人對我們相當仁慈，可惜我並不領情。身為基督徒，他試著告訴我們有關上帝和祂的愛，但我的腦海裡已充滿了猶太朋友灌輸給我的一些反基督徒之種種偏見及言論，所以他再說什麼也沒用，我是充耳不聞的。

我們被關在少年監護所兩天，第二天門打開時，站了兩個穿著體面的警察，「男孩們，把東西拿好，你們要飛

回家了，你們的媽媽和警察會在紐約機場等你們，但別想要什麼花招。」

糾結成一團的胃放鬆下來，這種輕鬆的感覺很快地傳遍全身。我可不喜歡面對媽媽和警察，但也許會發生些什麼意外轉折吧！

等我們登上飛機後，他們把錢和所有私人物品全還給我們。哇！實在是太神奇了，這些東西不就是我們所需要的嗎？

飛抵紐約後，服務人員將階梯推到機門外，空服員打開機門，我們可以清楚看到有人站在航空站內等著飛機抵達。大衛和我混入其他的乘客中間準備下機，但我們不往航空站走，而是跳過幾個柵欄，開始奮力地往反方向跑。

我們預期會聽到警哨聲或遇到一些阻擾，但似乎沒人注意到我們。招了一輛計程車，往北走了幾哩，看著車上的計價表一直跳，不安的神情浮現在我們彼此的臉上。

「請讓我們在火車站下車！」我告訴計程車司機。「我們不想把所有的錢全花在計程車上，搭火車比較便宜，」我小聲地告訴大衛。

他說：「好哇！但我們要去哪裡呢？」

「他們會認為我們又往南跑，」我回答，「我們往北到哈佛斯特羅（Haverstraw）如何？我聽說那是個很棒的小鎮，我們可以在那裡買些露營用具再上山。」

大衛同意：「我跟你走！」我們買了票，坐上火車。

在哈佛斯特羅，我們合資買了個帳棚和睡袋。天黑得早，當我們步行經過墓園時，我可聽見自己心臟的跳動，後頸好似被豎起的頭髮刺痛般。

我在成長過程中學到很多奇怪的矛盾之處。一方面他們教我世上沒有神，所有的事只不過是生理上的一個大飽嗝罷了，人死後就什麼都不存在；但另一方面，同樣的這些人又告訴我，生命裡有神祕的一面──就是整個的靈異世界。有時在家裡，我們會藉由巫術和死者溝通。那種氣氛再加上所有恐怖電影的記憶，就更令人驚悚了。我認為我們不可能在夜晚，尤其是滿月時分，安全地通過墓園。我一直認為會有狼人或吸血鬼從地底下跳出來，把我們擄進墓園裡。

那時我沒讀過《聖經》中的〈傳道書〉九章五節所

說的：「活著的人，知道必死；死了的人，毫無所知。」或在第十節所說的：「在陰間裡，沒有知識，也沒有智慧。」我也不曉得耶穌說過，死者會沉睡直到世界末日，然後才復活。當我們和那些墓碑拉開一段安全距離後，我大大地鬆了一口氣。

月亮愈升愈高，我們發現一條上山的小徑。當我們愈往山上走，地上的積雪也愈深，城市小孩不曉得山上的雪會積得更深也更冷。最後我們找到樹林中一小段平坦的區域，我把帳棚放下來。「我覺得這地方可以紮營。」我喘著氣說。

大衛同意：「對啊！沒有人會發現我們在這裡，我冷得快掛掉了！」

我們開始搭起帳棚，皎潔的月光映著白雪，讓我們有足夠的光線把帳棚紮好，頭上有了遮蓋，思緒開始轉到空空的肚子上。凍得僵硬的雙手，慢慢地打開豆子罐頭，把它放在酒精燈上加熱吃。

「我要將酒精燈留著。」我們吃完後，大衛說。「也許這可讓帳棚內暖和些。」我們兩人全副武裝，困難地擠

進睡袋裡，身體慢慢地暖和了些，雖然覺得很不舒服，但最後竟疲累得很早就睡了，但幾小時之後，卻在一攤冷水中凍醒。酒精燈的熱加上我們的體溫，把帳棚下的積雪給融化了。我們全身溼透，僵硬地爬出睡袋，望著彼此，濕衣服黏在身上，牙齒不斷地打顫。

　　我告訴大衛：「我不曉得你覺得如何，但我要離開這裡！」

　　大衛說：「我和你一起走，可是這帳棚和睡袋該怎麼辦？」

　　「不用管它們了！」我說，「睡袋又溼又重，而且我們也凍到拆不了帳棚，還是快走吧！」

　　山上的小徑又積了數吋的新雪，我們一路跌跌撞撞地下山。事後再也想不起還有何時比那次更冷、更悲慘了。最後我們回到了小鎮，唯一還營業的是一間小酒館，我們眼巴巴地望著裡面溫暖的燈光。

　　「我們進去取暖一下。」我說。進了門，四處望了一望，看到房間的後方有一座撞球台，有幾個人坐在吧椅上吃漢堡和薯條，他們全停了下來朝我們這邊看，我相信我

們兩個看起來就像落水狗般，但我們實在太餓也太冷，顧不得其他了。

我們爬上吧檯點餐，口袋裡剩下不到十塊錢，不過要是吃一餐，還是有零錢可找。我點了一客漢堡和雙份薯條，漢堡幾乎沒嚼就囫圇吞了下去，吃薯條時身體的顫抖才停止，加上一根菸後就舒服多了。我們開始小聲地談話：

「這地方很溫暖，又舒服。」我告訴大衛，「我們就待在這裡，我不想再出去受凍了！」

他回答說：「可是他們很快就要打烊了，我們一定得走啊，怎麼辦？」

「我們去打撞球。」我建議，「你還有錢嗎？」

「還有一些。」大衛說。

「很好，看我們的錢能玩多久就玩多久，我們會想出辦法來的。」我說。

我們玩撞球、抽菸，直到打烊時間逼近，那時我們身上的衣服也乾了，外面的世界看起來明亮多了。老闆朝我們走來，幾乎是以抱歉的口吻說：「打烊了，年輕人，你

們該走了。」我們無助地看著彼此。

「我們沒辦法走，」大衛不加思索地說，「我的意思是我們沒地方可去。」

「對啊！我們在找工作，」我撒謊，「我們在紐約被裁員，現在沒錢可住旅館。」

老闆似乎不曉得該說些什麼，他停了好一會兒，說：「稍等一下！」他進入廚房，他太太正在裡面收拾整理。很快地，他回來了。

「你們想跟我們住幾天嗎？我可以留你們幾天，給你們一些工作，或許那時你們就可找到其他工作。」我們感激地接受了他的好意，並且很高興能有溫暖、乾淨的床和食物。

但我們在新家只待了幾天，他們發現了真相，知道我倆是逃家的孩子，所以已向政府機構通報，警察把我們帶到警局去。最好別想矇騙這些警察什麼事，因為他們每天都在處理我們這種逃家的青少年。他們很快就知道了我們的名字，聯絡了我們的父母。大衛的媽媽隔天就接走他了；警察護送我到紐約機場，我母親在那裡等著。

「謝謝你，警官。」她說。我可以看出來她相當地受傷和生氣，「你怎麼能這樣對待我，道格！」她大叫，「該做的事我都幫你做了，我再也沒辦法忍受了！你去和你爸一起住，我已幫你買了機票，飛機一個小時後就會起飛。」

等飛機時，一陣不安的沉默橫跨在我倆之間，我對她感到很抱歉。她戴了個太陽眼鏡，但我可以看見她的眼睛又紅又腫。我們彼此生硬地說了再見，我登上飛機，撲通一聲地坐在座位上，茫然地望著窗外，我的內心對自己及這個世界，燃起了無名的怒火。我最不想做的一件事，就是和父親同住，他太嚴厲了。

懷著鬱鬱寡歡的心情抵達後，很快地我就發覺自己在父親家裡像個局外人。我沒辦法不去嫉妒我的繼母貝蒂和她的兒子，她是真心地想對我好，但我從不給她機會。我覺得自己不被需要、不被愛，所以想把別人的生活也弄得跟我一樣悲慘。結果，貝蒂對我父親下最後通牒：「不是他走，就是我走！」似乎沒有人會對這種結局感到意外。

父親讓我搬到他經營的飯店裡，每天派車來接我。半

天在他的飛機庫幫忙，半天去學校上課。我像個奴隸般受人擺佈，毫無自主權。我痛恨這樣的生活！

後來，父親幾乎每週都會接到校長的電話，報告我逃學、沒做功課或做了其他破壞性的行為。然後父親會接我到外面一起吃晚餐、談話，我喜歡和他聊天，可以感覺他真正關心我，只是他很難表達出內心的感情。

他倒是說出了一件事情。他告訴我，如果我再不學好，下一站就得進感化院了。我很清楚他是認真的。有一陣子我試著好好合作，但最後總是忍無可忍，於是我又逃學了！

然而一天都還沒過去，我就又惹了麻煩。我的朋友喬和我決定到海邊游泳。我們兩個都沒有泳衣，因為天色已黑，我們索性就裸泳。在岩礁上玩了大約半小時，我提議：「我有點餓了，我們拿著衣服跑到那廢棄的屋子裡，待在那兒等身體乾了。」

我們爬上岸，抓著自己的衣物，朝房子裸奔。門被推開時發出嘎嘎的聲音，隨後我們把門關上，走進屋內。喬說：「開始起風了，你聽那破百葉窗撞擊的碰碰聲音！」

「我聽到了！」我說。「我們四處找找看，看有什麼可以拿來擦乾身體，我們需要在別人進來前趕快穿好衣服，免得惹出大亂子。」我們開始搜尋每個房間。大門突然被打開，走進來的是兩個警察。

我們因為不當的暴露而被逮捕，對此我並不引以為豪。相反的，簡直是羞愧欲死。不過我表現得很無所謂的樣子。他們把我們帶到警察局審訊，想要知道我們是誰，但我很小心隱藏了自己的身分。我知道只要查出父親是誰，我就會被他逮回去，而這卻是我最不想要的。所以我用了一個假名——亞當‧費雪，來自紐約。他們關了我將近一星期。

那段時間我開始懷疑自己是否失算了，白人小孩在監獄裡算是少數分子，黑人和古巴人不斷找我們麻煩，不過我硬撐著。每天警官都會來問話，直到有一天我無意間透露出以前讀過的學校，幾小時內他們就弄清了我的底細，並通知了我的父親。

當我鑽進父親新的林肯轎車時，我深深地嘆了口氣，沿路上他一句話都沒對我說。我知道他對我已是心力交

痙、不知該如何是好了。

　　媽媽總是隨時想嘗試新方法。她和我父親討論我的處境，「他需要一個能表達自己的學校！」她爭辯著，「我已找到一所位在緬因州，學風自由的實驗學校，叫做『松鏈』（Pinehinge）。他們的理念是：學生會學到對他們重要的知識技能。你知道道格從不學他沒興趣的東西，這所學校特別適合他。」

　　儘管我的父親比較喜歡嚴格管理的學校，不過他還是被說服了，畢竟，依他的方法也沒成效。

4
終於自由囉！

我媽媽興奮地談著「松鏈」，「道格，你會喜歡這間學校的。你可以選擇自己想上的課，學校沒有必修課程，你想學什麼、或想做什麼都可以，所以它才叫做『自由學校』。」

它聽起來很不錯！事實上這個學校「自由」的程度還遠超過我們的想像。學校老師都是平易近人、隨性的嬉皮。校內只有三條校規：不准吸毒、發生性關係和打架，不過也沒人理會。

學校是男女同校，只要有人希望的話，也可男女同住宿舍，大約有四十個從八歲到十八歲的學生。

如果早上不想起床，可以！不想上學，可以！不想去吃飯，可以！不過最後一項的自由，幾乎讓學校關門大吉。

他們說我們想學什麼都可以，確實如此。我們學習吸食強力膠，製造啤酒和迷幻藥（LSD），在教室抽菸、吸大麻。在班上我遇見一位來自布魯克林的男孩，名叫傑，他教我一些偷竊的竅門。

傑和我有一些共同點，他母親和我母親一樣都是猶太人。他的父親有黑道背景，但已被殺害。雖然傑已十五

歲，也蠻聰明的，但所認得的字卻僅是路標上的「STOP」（停止）一字，其他的全不會讀。他的布魯克林腔很重，甚至連紐約人也很難聽得懂。我認為他比我更怪異、瘋狂，且更有自殺傾向。在寒冬的夜晚，他還會帶我到緬因州無人居住的夏日度假小屋，教我如何闖空門、儲藏贓物。

除非自己有意願，否則我們根本不用去教室，所以我整天把時間耗在交朋友和泡妞上，幾乎很少去上課。我倒是參加了一些體育活動，特別是滑雪。我們大部分的人都有亞伯蘭山（Mt. Abrams）的免費月季票，學校每週三次會載我們到滑雪場，那一年我的滑雪技術大為進步。傑和我經常在坐升降椅上山時吸大麻，然後做些瘋狂、玩命的動作滑下山，我們根本沒考慮到可能會受傷或喪命。我會在高處挑釁他，他就勇敢地跳下去，然後換他找更高的位置挑釁我，我也跳了。我們經常失控而碰撞，但不知為何，我們從沒摔斷骨頭或受重傷。

有一天，我在學校公布欄裡看到這個通告：

錫爾瓦心靈控制法（SILVA MIND CONTROL）

學習如何贏得樂透彩，

治療病症，掌握人生，

讓你美夢成真。

總算讓我等到一門看來很值得上的課程，我決定參加。

課程持續兩週，老師先提出一個新概念，我們討論、提問題，然後分成數個小組實地操作。「潛意識比意識更有力！」老師解釋著。經由自我催眠，我們學習進入心靈的最深處。我們以為是和上帝一起工作，而且以為這是上帝所應許的，其實不然。老師說：「耶穌發現了如何使用心靈的能量，那就是祂治療人們的方法，當神和你在一起時，你就是神。」我們不了解《聖經》，根本不知道我們是在和撒但共事。我們從沒聽過在《聖經》裡巫術是被禁止的，而且撒但把自己化身為光明的天使。我從沒聽過〈以弗所書〉六章十二節，所以很單純地相信了老師所說的，有超自然能力臨到我們的實驗中，而我們也感受到了。

有些學生對他們新學到的能力大肆吹噓，有一天我們一群人在走廊上興奮地討論著剛完成的「實驗」。

「我不相信！」蘿拉很輕蔑地說著，「你以為有奇事發生，其實那只不過是你腦子裡的幻想。」蘿拉沒上這門課程。

「但有些事確實發生了，我可證明確實有神力在其中。」我很有自信地強調。

「哦，最好是啦！你怎麼證明呢？」蘿拉問。

「我可以治療某些人，」我說，「不，我會**診斷**和治療他們。你只要告訴我有誰想要得醫治，我就有辦法。」我挑戰著。

「真有你的！」她說，雙眼直視著我，「說出時間和地點，我一定會到。」

我們決定七點晚餐後在休息室碰面，在一個安靜的角落裡，我排了數張椅子等她來。

當她來時我請她坐下，我們面對面坐著。「你要我為妳做什麼？」我問。

「我要你診斷一個病人，告訴我她生了什麼病。」

「你要給我她的姓名和住址。」我說。她給了我上述資料後，我只花了幾分鐘，就達到稱為阿拉法（α）腦波層的淺度自我催眠狀態。一個女人的影像閃過我的腦海中，我開始描述：「我看到一個大約四十五歲的女人，褐髮、戴眼鏡、中等身材。」

「喔！老天，我不敢相信，那是我母親。」蘿拉手拍著她的額頭說。

然後我開始以潛意識進入她母親的身體，找出病症，當我到她的生育器官時，發現那裡有些問題。「你的母親是不孕症，」我宣布，「她不能生育！」

蘿拉的下巴幾乎要掉了下來，她的嘴巴張得好大，「你怎麼發現的？你怎麼知道的？我從沒告訴任何人我母親不能生育，我是被領養的。你能幫助她嗎？」

「我會試試看！」我說。我又進入更深層的潛意識中，我們曾被警告進入太深很危險，容易失控，我已記不清楚我是怎麼做到的，但我執行了某種精神層面的探索。我並不清楚這樣做的後果是什麼。如果當時的我就能明白日後所知道的事實真相，我一定會膽戰心驚！

伊凡・歐文斯——一個性格獨特的人，後來和我變成好朋友。他只有十三歲，但智商卻高達165。他的父母將他送到「松鏈」，為的是希望他能找到些新挑戰。他雖然天資聰穎，卻對任何事都不感興趣。他喜歡和我們一群人飲酒、吸大麻。伊凡不像我所認識的一些聰明孩子那樣呆

板無趣，他的機智常讓我們大笑不已，甚至外表看起來也很滑稽。他蓄了一頭約一呎長的捲髮，那髮型看起來像是個巨大的蒲公英絨毛球，使他滑稽的長相更增添了許多喜感。他清晨起床，側躺一邊的頭髮還變成扁平的，這使他看起來更古怪。

有天伊凡建議：「我們到鎮上買半打裝的啤酒，這裡太安靜了。」

「好主意！」我說，我有一張在佛羅里達州拿到的駕照，我已把上面的年齡從一九五七年改為一九五二年，讓我足齡可「合法」買任何酒精飲料。

沉靜的緬因州小鎮沃特福德（Waterford），住著都是週末會上教堂、循規蹈矩的居民，他們理所當然的，對「松鏈」的學生很反感，因為學生們不僅衣著不潔，還留著一頭油亮亮的長髮，看來活像從惡夢中跑出來的人物。而且他們還會口出穢言騷擾居民，甚至被指控傳播共產主義、私賣毒品給居民的小孩。

當我們在商店買酒時，我察覺到有一個人正注視著我們，他穿著迷彩裝、戴著獵人帽，我試著不去理會那不寒

而慄的感覺。因為從我在紐約街頭當混混的經驗，很清楚知道那種非理性的、帶攻擊意圖的眼神。當他跟著我們走出店門，隨即爬上他的小貨車時，我就知道事情不妙了。我發現他的貨車後窗上有槍架，上面放了一把來福槍和一把短槍，伊凡也看到了那些槍。在我們大約走了四分之一哩路後，那人發動他的引擎，開始慢慢地跟著我們。

不難想像他有何企圖。他想跟著我們到小鎮的郊區，在我們進入樹林深處之後，對我們不利。沒有人會察覺有何動靜，就算我們被發現了也沒人會在乎。

伊凡和我不時回頭看，強裝鎮定。突然，伊凡倒抽了一口氣：「道格，他停下貨車準備拿槍了！」

「快跑！」我說。我們離開馬路，衝進樹林裡。到處是細小可見的荊棘，扎著我們的衣服，劃破我們的皮膚，一些樹枝打在臉上。由於全身腎上腺素的激進作用，我們雙腳箭步如飛。很快地，我們和他有段距離了。當我們覺得離他夠遠之後，便潛入矮灌木叢中，心臟似乎在耳邊跳動著。我們強迫自己安靜地呼吸時，胸口一陣刺痛。

不遠處傳來他頓足的聲音，一會兒他便停了下來，可

想而知他在等我們出現。然後他開始朝樹叢裡開槍,想把我們轟出來。我記得光是槍聲,就大得足以讓樹葉掉落,子彈颼颼地從我們頭上掠過,擊中我們身後的一棵大樹,有更多的樹葉散落在我們身上。幾分鐘後,我們聽到他的腳步聲消失在遠方。

我們躺在地上猶如一世紀那麼久。突然我聽到紙袋沙沙的聲音,然後目瞪口呆地看著伊凡很快地將六瓶啤酒從袋中拿出來。

「你在做什麼?」我不敢置信。我想以他聰明的才智,可能策劃著某些聲東擊西之計吧!相反的,伊凡轉開酒瓶的塑膠瓶蓋,發生碰的一聲。因為剛才我們死命地一路狂奔,啤酒瓶裡充滿了氣泡,瓶蓋一開便冒了出來。伊凡對準瓶口,就這麼大拉拉地灌了一口。

「如果我一定要死,我寧願醉死。」他在我耳邊說著。當他灌下第二瓶啤酒後,自制力也消失了。他站起來,直往樹叢間探索。

「他走了!」他的聲音開始大了起來,我則盡可能小聲地站出去,踮起腳尖悄悄走向馬路,先向四面八方各處

望了一下，找尋著如果再碰到那個攻擊者時我可以逃跑的地方。

我們看到他在大約一百五十碼遠的路上，「他在那裡，坐在他的貨車上！」我驚慌地在伊凡的耳邊悄聲說道。很顯然，他在等我們出現，可能認定我們終究還是會回到馬路上。

「我聽到有車子開過來了！」我呼吸急促地告訴伊凡。我們看著那輛車駛到我們面前，發現是來自「松鏈」的多蒂老師坐在駕駛座上，正載著同學回學校時，我們跑出叢林，站在馬路中央揮舞著雙手大叫：「停車，停車！」她不得不把車停下，否則就會輾過我們了。

「我不能載你們，我的車已經滿了。」她說。

「你一定要載我們！」我大叫。「你看到路邊貨車上那個傢伙嗎？他對我們開槍！」那個人再度發動他的貨車，老師一眼就看清了情況。

「上來，快點！」她催促著。我們爬進車裡，疊坐在其他同學身上，並立刻把身後的車門關上。老師快速離開，朝著學校奔馳而去。過了好一會兒，她查看後視鏡，

發現那人已經不見，我們才恢復正常呼吸。

因為我們有些人很少去餐廳吃飯，所以需要另找代替品。一開始我們突襲廚房，自行料理，後來有一天發現門上了鎖，於是我們想辦法弄個通道，到地下室的食物儲藏室自取所需。雖然學校不斷地換鎖，但從不知道有那條地下道的存在。我們偷了好多食物，以致學校最後破產，關門大吉。

然而，這些所謂的「自由」讓我快樂過嗎？幾乎沒有。我很確信那是我人生中最悲慘的歲月之一，那時，我的人生沒有目標。在軍校嚴格管教下的生活，竟比這沒什麼校規的自由學校要快樂得多。

就 屬世的觀點而論，金錢就是力量；
但就基督徒的立場而言，愛才是力量。

5
神祕洞穴

關於嬉皮村的多采多姿，以及南加州氣候怡人的傳聞，不時傳到我們耳邊。聽說那裡甚至冬天也不冷，你可以露宿野外，隨意打野食充飢。「那就是我想要的人生！」我告訴傑，「我要隱居，再也不受人擺佈。」

「酷耶！」他很熱切地說著，「我們已經十五歲，可以自己照顧自己了，我們去找找看吧！」

春假期間我們從「松鏈」出發，沿路搭便車到南加州，我們在棕櫚泉（Palm Springs）市郊紮營。有一天一些嬉皮讓我們搭他們的舊貨車進入市區，「有什麼好玩的地方可以讓我們到處逛逛？」我問，「你知道的！就是可以讓大夥兒玩樂的地方。」

「塔奇茲峽谷（Tahquitz），我們正要到那裡去。」長得高大又滿臉鬍鬚的傢伙告訴我們，「那裡離市區很遠，警察不會來煩我們，我們可以抽我們的大麻菸、喝啤酒，盡情的大叫。今天下午我們要去，想跟來嗎？」

我看著傑。「太帥了！」我們異口同聲的說。

儘管塔奇茲峽谷有十五哩長，但大部分的人都只到峽谷口聚集玩樂，消磨時間。那峽谷的美，真叫我目瞪口

呆。在這偏遠的沙漠山谷裡，隱藏著幽暗森林和綠草如茵之地，瀑布更是吸引人，水就像奔跑的動物般，沖刷流過大而平滑的鵝卵石。而後瀑布高高地衝入底下的石床，升起一片銀霧。當陽光穿過粒粒水珠時，會產生美麗無比的彩虹，難怪有些電影導演喜歡以此地作為拍攝景點。

當我們全都停下來休息、抽大麻時，有一男一女走出峽谷，那男人長長的頭髮在陽光襯托下白得發亮，黝黑粗糙的皮膚和雜亂無章的鬍鬚，讓我聯想到山羊。他的赤腳也讓我很好奇，想不透他如何能光著腳走過滿是仙人掌刺的土地？

走在那男人後面的是一個大約十八歲左右的漂亮女孩，有著大而褐色的眼睛，飄逸深色的長髮以及橄欖色光滑的肌膚，看來像是夏威夷和義大利的混血兒。她背後揹著一個好古怪的小孩，那曬黑的皮膚和一頭白髮形成戲劇性的對比，白髮一根根往上豎，好似他曾把手插入插座觸過電般。小孩因在塔奇茲出生，所以他們給他取名叫特維・塔奇茲。

「你打哪裡來？」我問那個人，他停了下來看著我。

「從家裡來。」他回答。

「你的意思是說你住在山上？」我指著峽谷，「住那兒？」我試著學嬉皮腔調。

「哦，一個山洞裡。」他冷漠地回答。

現在這個城市男孩再也耐不住他的好奇了。「老天，我真想去參觀你的地方，你介意我和你們一起回去嗎？」我渴望地問著。

「歡迎！」他回答，「我們要走路進城，向人行乞，辦些雜貨，還要把這些土狼寶寶送走。」他抱起兩隻我見過最可愛的小土狼。

「牠們的媽媽是半狼半狗的混血種，」他解釋，「父親是純土狼。我們可能一、兩個小時後回來，你可以跟我們一起回去。」

我焦急地等著他們回來。傑眼睛半閉著躺在地上，他已經像個石頭般不省人事。他們終於回來了，我隨著他們一起往峽谷出發。

「我名叫吉米，」當我們成單列地走上蜿蜒小徑時，他說：「這是我太太，桑妮。」

我邊走邊問了好些問題，但很快地，平坦的路變成了陡峭的石頭路。我喘得太厲害了，以致無法再說話。不過，偶爾我還是會問：「還有多遠？」

這時吉米會說：「喔！不遠，過了山頭就到了。」

我看到前頭有一個小山丘，便胸有成竹地以為自己可以走得了那麼遠，然而我很快就發覺他所說的是上面的高山。沒多久我就全身痠軟無力。自從離開軍校後，我開始抽菸。不只是香菸，事實上我每天抽大麻，這讓我更難爬得上去。但他們卻輕鬆自在，若無其事地談笑、走著。他揹著四、五十磅的食物，而她揹了食物和小孩，我沒有揹任何東西，卻趕不上他們。

太陽西下，周遭愈來愈黑，我懷疑他們怎麼看得到路，我只能看見前方桑妮靴子上露出的白襪，隨著她的走路而跳上跳下。我拖著艱難沉重的步伐跟在她後頭，有時會四肢痠軟爬著，勉強支撐下去。最後我問他：「你們不想停下來休息一會兒嗎？」

「不，這裡通常不是我們休息的地方。」他說。還好有時我會碰到一些仙人掌，雖然被刺得很痛，但至少他們會

停下來等我把身上的刺拿掉，也給了我幾分鐘喘息的時間。

「還有多遠啊？」我問。

「哦，只要再一小段路。」

在紐約，「一小段路」的意思是一、兩個街區，然而對他來說，這意思代表的可是一、兩哩上山的路。最後我們到了比棕櫚泉高出四千呎的山脊上。夜景真是燦爛！往下看黑暗的沙漠，我們看到棕櫚泉的燈火、沙漠溫泉（Desert Hot Springs）、教堂城（Cathedral City）、棕櫚沙漠（Palm Desert）及印地歐（Indio）在我們下面綿延開來。我們休息時，他們抽些大麻。當我才剛開始喘得過氣來時，他們又扛起了行李再度出發了。

「還很遠嗎？」我問。

「不會，」他向我保證，「從這裡大部分都是下坡路。」沒錯，是下坡路，但因坡度太陡而使我的腿抽搐，我需用腳後跟頂住，才不會一路往下滑。然後聽到流水聲，很快我們開始沿著小溪曲折前進。他們熟悉腳下的石頭，而我卻常跌入溪裡，弄得全身溼透，更別說不斷打在我臉上的樹枝了。沙漠地帶居然有一片叢林，上頭還有水源！

正當我自覺已無力再前進一步時，我們終於到達了洞穴。吉米點亮蠟燭，我則累得不成人形。只見桑妮抖開一張潮濕的睡袋，「你可以睡在這兒。」她說，「我們要上去我們的夏日山洞。」

「夏日山洞？」我憂慮地問著。他們已消失於黑暗中，留我獨自一人在這可怕的地方。我爬入潮濕的睡袋，蜷縮成一球。聽到沙沙的聲音，以為是滑行的響尾蛇或山獅要撲向我，後來發現只是隻老鼠，不過當時我已筋疲力盡，管不了這麼多了。身體暖和些之後，就在遠方土狼的咆哮、夜梟的悲啼聲和洞內沙沙的吵雜聲中，我沉沉入睡了。

隔日清晨起來，如果不是全身痠痛，我一定以為自己已經死去，來到天堂了。燦爛的陽光，潺潺而流的溪水，流入洞口前方寂靜清澈的池塘裡，不遠處傳來陣陣快樂的鳥鳴聲。吉米和桑妮回到洞前，正裸體躺在不遠處做日光浴，小孩在水池邊玩耍，母狼狗仰臥，哺餵其他留下來的小狗。火堆上食物的香味，提醒我已好久沒進食了，香味讓我不禁飢腸轆轆、垂涎了起來。

面對兩個裸體的人，我實在不知如何應對，在那時候我根本不習慣。但過一陣子後好似自然了些，我可以假裝視而不見。我發覺他們的生活方式非常吸引我，大部分的食物取之於自然大地。這裡有野葡萄、莓果。桑妮用香蒲烹出美味的料理，他們有自己的菜園，甚至種自己的大麻。野山羊漫步在山間，雖然現在法律禁止獵羊，但是當吉米需要肉時，只要拿把槍出去，就能帶回一隻羊或鹿。

我知道自己不能久留，傑還留在帳棚裡等我，但我下定決心日後一定要和他們一樣，做個山洞人。

隔日，傑和我再度上路，我們抵達聖塔摩尼卡（Santa Monica），身上沒剩下多少錢，當司機停在街角讓我們下車時，太陽已落到地平線的另一端。

他說：「我讓你們在這裡下車，我要往東邊去。」

「謝謝你載我們一程。」我們兩個說著，同時從車上拿下背包、關上車門。

「好了，我們晚上要睡哪裡呢？」傑問道，「我可不想在這陌生地方露宿街頭。」

我建議：「我們去問問看哪裡可找到便宜的房間。」

「嘿，老兄，我沒剩多少錢了！」傑反對。

「我也一樣啊，但或許我們可以找到真正便宜的住處。」

在街角，一些遊民正坐著抽菸聊天，我走向他們。「這附近有地方可以供窮人吃飯過夜嗎？」

其中一人手指著街道說：「那個方向，一、兩條街遠的地方有個廉價旅館，一個晚上三元。」

「對啊！」另一個人說，「離這裡兩條街處有個福音中心，你可以吃到免費的食物。你只要聽他們傳道，他們就會給你一頓飯吃。記得要早上八點前到，過了這時間他們會鎖上門，如果你不準時，就沒法進去了。」

「謝謝！」我們說，開始走向那廉價旅館。

老旅館的木頭房子看來很髒，壁紙脫落成條狀掛著，我們付了三塊錢，拿了一組還算乾淨的床單和毛巾。

「218房，」櫃檯服務員遞給我們鑰匙。「浴室在走廊右邊的盡頭。」這個地方有「老舊」的味道──那種綜合了菸臭、廉價酒味和尿騷的味道，不過，至少床單似乎是乾淨的。

　　隔日清晨我們勉為其難地起了個大早，和大約二十五人在福音中心前排隊。八點大門準時開啟，我們全部湧入，傑和我坐在後面。

　　宣教中心的成員安排一個很好的節目，不論我們表現得有多惡劣，他們對我們一直保持著極大的客氣和耐心。有一個面帶微笑、光頭的男子站起來作見證，然而在我周圍的人大聲取笑、喧譁。有一個無賴漢打了個大嗝，引得哄堂大笑，但這完全不會影響光頭男子，他繼續講他的見證，臉上散發出真正幸福的笑容。我們前排有一個人吐了滿地，一個宣教人員趕快過來清理，另一人扶這可憐的遊民到浴室。那光頭男子見證完後唱了一首歌，這時候所有的人全癱在座椅上了，有些是因為宿醉，其他則是疲累或飢餓，上帝的天使一定是用憐憫的眼神看著我們吧！

　　在協助整個節目進行的年輕人當中，有一個人有著像環球先生般結實壯碩的健美身材，他大可同時抓起兩、三個大嗓門的麻煩製造者，把他們的頭互撞在一起。然而相反地，他卻站起身來，說了一個耶穌基督如何在他身上作工的有力見證，最後他邀請我們也把自己的心交給祂。當

底下沒人回應時，我能察覺到他的哀傷。

　　整個節目結束後，我們被引進後面的房間，桌上鋪著白色的桌巾，一切看起來都很乾淨。我本來是預期只有麵包和水的，因為我清楚記得當時我拿到那麼豐盛的食物真是驚訝不已。我們排隊領取一份大碗的家常燉菜、一大塊麵包和一杯咖啡，他們甚至還供應我們甜點——櫻桃派。

　　當時我無法理解，我們是如此骯髒、粗魯又無禮，但他們卻把我們當成很重要的人，用敬重、禮貌的態度對待我們，不知為何，這和我過去所知道的基督徒並不相符。

　　聽說另一個地方也提供免費餐點——哈瑞奎斯納神廟（Hare Kriṣṇa）。有一天我們決定去試試看。我們必須先參加他們兩小時的儀式，有人宣稱那是異教，他們的儀式確實和我所參加過的基督教儀式截然不同。那些男人們頭髮全理光，只剩腦後一條小馬尾，穿著橘黃、寬鬆飄逸的長袍。女人們也穿著粉紅、藍色和紫色相間的寬鬆長袍。貝斯吉他及鼓彈奏著單調的節奏，人們隨著節奏，搖著手鼓，揮舞著手臂，身體往上跳。當他們做這些動作時，每個人念著單調的頌歌：「哈瑞奎斯納，哈瑞奎斯納，奎斯

納，奎斯納，哈瑞，哈瑞，哈瑞日阿瑪，哈瑞日阿瑪，阿
瑪，阿瑪，哈瑞，哈瑞⋯⋯」

　　我立刻就察覺這些人都被催眠了，我自小接觸演藝
圈的經驗足以讓我識破這些伎倆。催眠是利用視覺和聽覺
神經的某些特性，利用一再重擊的節奏，將人帶入催眠狀
態。當荒謬的片語一而再地重複，人的心裡形成潛意識的
思緒。經過一段時間之後，這些空洞、沒有意義的思緒充
滿了心靈，遮蓋了真實生活中的憂慮與挫折，進而產生一
種快感，給人寧靜、平和的假象，以為內心這種平靜是神
賜與的。在這魔力迷惑之下，他們心甘情願地奉獻自己的
金錢或財產。

　　當我看到這種情況時馬上躲入廁所（特別是在他們念誦的時
間），一直等到儀式即將結束。我從廁所出來後，發現傑似
乎很投入狀況，我開始替他擔心。吃完奶酪餐後（我並不很喜
歡），我拉著傑盡速離開那裡。

　　春假已結束好幾天了，而我們還在這裡，距離學校千
里之外，整個國家的另一端。

　　「如果我們還想繼續學業的話，我們最好回學校去

了。」我說。

　　「幹嘛那麼著急？」傑反對，「現在還在放春假，記得嗎？」

　　「沒錯，不用那麼急，不過我很清楚兩個星期前春假就結束了，而我們還得花一個星期的車程才能回到學校。走，我們回去吧！」

就 屬世的觀點而論，金錢就是力量；
但就基督徒的立場而言，愛才是力量。

6

沒有付出代價的罪行

在「松鏈」學校學期結束後，我回到佛羅里達州和父親共度暑假。但我們就是處不來，「松鏈」已經令我習慣了無拘無束的自由生活，父親完全不知道該如何管教我。

有一天，他說：「道格，對你我實在是已經絞盡腦汁，想不出任何辦法了，如果你不能好好配合，過正常人該過的生活，那你就得離開。」懷著破碎的心，他看著我憤怒地衝出家門，一頭栽進外面的世界。那年三月，我才剛滿十六歲。

在痛苦、迷惑和憤怒下，我出發上路，但無處可去。到達收費站時，我往北走九十五號州際公路，和一個高大的傢伙史考特同行。他有著強壯的體格，還戴著眼鏡，看上去一派博學相，其實他幾乎沒上過中學。

我們倆一起從邁阿密沿路搭便車到波士頓，史考特在去越南之前曾住在這兒。我們很快就找到工作，過得也還不錯。但不久我發現史考特工作之餘還利用偷竊來增加他的收入。逐漸地，我發現自己也跟隨著他，且在還弄不清楚狀況之前，便涉入了犯罪的人生。

在接下來的幾個月當中，我陷入極端的低潮，我厭惡自己和所有人。史考特和我住在極為廉價的出租公寓，我們偷汽車、電視和所有能變換成現金的東西。

對一個只有十六歲的青年來說，要想獨自在波士頓這大城市生活，是有困難的，然而不久我就以虛報的十八歲，拿到麻塞諸塞州的駕駛執照。我用假證明，在一家智慧財產公司擔任半職的安全警衛，配有徽章、制服和警棍。皮夾裡的徽章讓我覺得自己是個了不起的人物，當我買酒時，總喜歡把它亮出來。我的新工作同時也方便我們得到偷竊的內線消息。

擔任警衛期間我認識了一個年輕人名叫布萊德，他話不多，對東方的夏克提教（Shakti）非常虔誠。布萊德知道我偷竊的事，他說：「道格，將來有一天你會為你所做的一切付出代價，你沒辦法逃避的。」

「你是什麼意思？」我問。

「我的意思是：因果報應。有去有回，你對別人所做的，終會回報到你自己身上。」

「你真是瘋了，老兄！」我大叫，「我偷一台電視，

山洞裡的富豪

賣掉它，我並沒被抓到，以後也絕對不會！」

「你等著瞧吧！」他只回了我這麼一句。

幾天後有人闖入我的公寓，偷走了我的電視和收音機。老天！我簡直氣炸了。從此以後，我開始發現，不管我偷了什麼東西，那些東西總是會再度被人偷走。我偷錢，它會消失（後來才知道是史考特偷走了）；偷汽車，兩個輪胎很快就漏了氣。真正讓我難以相信的是一些明顯巧合的瑣碎小事，著實令我害怕。在某個人家裡，我偷拿了一盒未開封的柯藍凱絲（Krusteaz）全麥鬆餅粉，上面還貼著1.19元的標籤。（我喝酒、抽菸、吸毒，可是卻堅持要吃全麥食物，因為比較健康。）回到家裡，我發現一些朋友來過，自行用光了我新買的果珍（Tang）即溶果汁粉，空盒上價錢標示著的，竟也是1.19元！

「真是見鬼了！」我自言自語，「一定有某人在某處洞悉我的所作所為。」這是我人生中，內心第一次真正相信有神的存在！

幾天後布萊德邀請我參加他們的聚會，我很快就答應了，事實上接下來的幾星期裡，我去了好幾次，他們說的

我大都聽不懂，可是每次聚會後回家，就帶著更多的書回來，而口袋的錢也越來越少。

有一天晚上，我正坐著看報紙，一陣淒厲的哭叫聲和重重的腳步聲跑過走廊，我驚跳起來，從門縫一探究竟，看到一個住在這樓層的黑人皮條客史格門，正在痛打其中一個女孩。她掙脫皮條客的魔掌，他則拿著掃帚丟向那女孩。我關上房門。

「希望皮條客別殺了她，」我陷入椅子裡想著。打架、砍人，在這破爛的公寓裡，是很稀鬆平常的事，但我總無法習慣。我彈掉菸灰，「為什麼我要住在這種爛地方，和這些討厭的傢伙共用一間浴室呢？晚上那些派對的吵雜聲、喧鬧聲，令我根本不能睡覺，我厭惡這房間，我對這樣的人生厭惡透頂！」

電話鈴響，我接起來。

「嗨！道格，我是爸爸，」電話那頭傳來聲音說，「我現在人在紐約出差辦事，順便跟你打聲招呼。」他聲音聽來很快樂，而我也很高興接到他的電話。「也許我們可以聚一兩個小時，好嗎？」

「當然可以，爸，我可以請你吃晚餐嗎？」我問。我想讓他知道我已有自己的收入。

「這個嘛，本來是我想請你吃飯的，但有何不可？告訴我在哪裡跟你碰面。」

我知道在波士頓有一些很有名的餐廳，為了取悅老爸，所以找了一家我猜想是最貴的，把住址給了他。

我比他早到，站在外面等他，不久一部計程車開過來，爸爸下車。一種愉悅的感覺流過全身，我多麼想跑上前去，用雙臂擁抱他，但我們家不習慣這麼做，我們只是微笑、握握手。

餐廳侍者帶我們入座，我們閒聊了一會兒。點過餐後，父親提及他來訪的重點。「道格，我覺得自己疏忽了你，我很抱歉，你願意再給我一次機會嗎？」

對這意外的告白，我的眼淚幾乎要奪眶而出。「你想說什麼？爸爸。」我警覺地問著。

「是這樣的，有關你的教育問題，」他說，「你現在應該在學校裡，知道嗎？你才十六歲。」

「但是，爸！」我的火氣逐漸上升，「我已有一份不

錯的工作，可以養活自己。」我從口袋裡掏出一大疊鈔票拿給他看，但他根本不理會。「不管怎麼說，你很清楚我對學校的印象。」

他舉起手示意我別再說下去。「等一下，道格，你先聽我說。我和朋友聊天，得知有個船上學校，一艘航行於全世界的郵輪。學生就是水手，在船上上課，船會停在各個外國碼頭，你來去自如，還可以從事各種活動：潛水、滑水，船上還有許多女孩子。學年度才剛開始，現在船正停在地中海上的某處呢！」

這聽來美好得令人難以相信，「學校的名稱是什麼？」我假裝漫不經心地問。

「弗林特海外學校（The Flint School Abroad）」他說。

「哦，我不曉得。」我猶豫著。我們沉默坐了好久，我不確定自己能否順從並接受他人的命令，適應那些規律的生活。可是那學校似乎很不錯，而事實上我也厭倦了自謀生計。最後我說：「也許我就試試看吧！」父親臉上閃過一絲欣慰的神色，隱約看到他眼角的淚光，而我內心狂喜。要是我早知道即將發生什麼事，那就好了！

就屬世的觀點而論，金錢就是力量；
但就基督徒的立場而言，愛才是力量。

7
出航

我父親取消他所有預定的行程,和我飛往義大利的熱內亞(Genoa),郵輪學校就停泊在那裡。我們有一趟愉快的旅程,我可以感受到他關心我。當我們登上船時,他甚至拍拍我的背。幫我完成註冊,將所有行李提上船後,他緊握著我的手說再見。「祝你好運,兒子,努力點,我們聖誕節再見。」

「好的,爸爸。」我說。他離開後,我將行李放好,到外面探索。

不一會兒功夫,我就摸清了這個學校的組成分子。他們大部分是參議員或政客的小孩,這些孩子就像我一樣放蕩不羈,威脅到他們父親在家鄉的聲譽。如果把他們送出國門,就沒有人會聽到他們負面的消息了。其他還有些犯過罪的或富有人家的小孩,父母無心處理子女老是惹事生非造成的問題,乾脆把該負的責任推託給學校。我上船後的最初幾天,還有些孩子跟我搭訕:「你身上有毒品嗎?」

對這所學校,父親僅說對了部分詳情,事實上就某些方面來說,我們像是個囚犯。我們不能和女孩子發生性行

為，當然也不允許喝酒、抽菸和吸毒。當我們靠岸時，他們會收走我們的護照。像義大利這個國家，如果你沒有護照被抓，他們有可能將你關起來、然後丟掉鑰匙，所以我們不敢任性妄為，做太招搖的事。我在船上的日子也從沒玩過潛水、滑水，或其他運動。

學校的科學課程著重進化論，他們常取笑那些相信上帝是宇宙創造者的人，課堂放映的影片則把達爾文描述成一個大英雄。

「這世界沒有上帝，」老師告訴我們。「你必須自己去創造。如果你需要踐踏別人才能達到你的目標，那就去做；你猶豫、畏懼，別人就會踩在你頭上。」這種冷酷的哲學，使我益發感覺孤獨與疏離。

我仍透過東方的宗教像夏克提教（Shakti），尋找真神的存在。我不要別人指示我該相信什麼，所以花越來越多的時間在自己的艙房裡，有時冥想，有時吹木笛。男孩們嘲笑我，我則一笑置之。

所有的學生都來自富裕的家庭，但你無法從學校提供的食物看出端倪。他們幾乎不提供甜點，所以，土力架

（Snikers）巧克力棒被視為珍饈，變成我們要向對方買東西時的交換物。船上一條巧克力棒賣2,500里拉（義大利貨幣），幾乎是家鄉的兩倍價格。

有一天，有個名叫艾瑞克的男孩到我艙房。「真慘，我們沒有迷幻藥（LSD），道格，」他說，「我願意為一點點的『窗玻璃』付出所有代價。」

「對不起，我沒有那種東西。」我告訴他。但他離開後，圖謀不軌的心開始活躍起來。迷幻藥被稱為「窗玻璃」，因為它每邊大約八分之一吋，是小小的透明方形物。我從旅行袋裡拿出一個塑膠相框架，剪下兩個小小的塑膠片，完成後的作品看起來就像兩片如假包換的「窗玻璃」。

再碰到艾瑞克時，我說：「我想你不會相信，我正好無意中發現了兩片窗玻璃。」

他的眼睛亮了起來，「太棒了！」他急切地說著，「你能賣我一片嗎？多少錢？」「這個嘛！我一片要換兩條巧克力棒。」我告訴他。「成交！」他說，「我衣櫃就有巧克力棒，我現在就去拿！」

「慢點！等一下，艾瑞克，這東西放在我袋子裡太久了，我不曉得它是否還有作用（當然也確實如此）。」

「嘿！那沒問題！」他把我所說的話當耳邊風，「我要把握機會！」我們交換物品，然後我轉身走開。

「對了，你必須用吞的。」我提醒他，「這種在嘴裡不會溶化。」帶著詭異的笑，我回到房間坐在床沿，打開第一條巧克力棒的包裝紙，大大的咬了一口。我慢慢地嚼，享受著巧克力黏牙的美味，「哇！太棒了，等到他發覺是在吞我的塑膠框時，這些巧克力早就下肚了！」我暗自發笑。

儘管我騙得過他，罪惡感卻困擾著我，「哦，算了！」我把它合理化，「如果他想到的話，也會以同樣的方式對待我。」

隔日早晨當他出現在我房間的門口時，我立刻武裝起自己，「現在要準備接招了！」我想。

他把身後的門給關上，不過他不像是生氣的樣子。事實上，他在笑。「你知道那窗玻璃嗎？」他很熱切地說，「是這樣的，一開始沒有反應，我只是睡著了，不過後來

半夜我醒來，老天！實在太酷了，我整晚一直在虛幻中遊
蕩。」他斜靠著我的門，兩眼左右轉動著。

　　我的嘴巴張得老大，「這樣啊，真是令人料想不到
啊！」我喃喃自語。後來當我讀到《聖經》中的一節經
文：「照著神所分給各人信心的大小。」我想到艾瑞克，
他必定是對那小塑膠片很有信心！

　　我曾聽過一句話：「在戰場上，沒有人是無神論
者。」我親眼目睹在狂風暴雨肆虐的海上，也不會有無神
論者。有一晚，我們快速掠過薩丁尼亞（Sardinia）外海，僅
僅數小時，微風竟然轉變成狂風暴雨。平靜的海面掀起
二十五至三十呎高的巨浪，船首衝高迎著浪頭，剎那間又
掉入波谷處，產生強烈的升降起伏。沒多久，年輕的水手
們就一個個掛在船舷欄杆上，把晚餐貢獻給大海了。很多
可憐的男孩沒法跑到欄杆邊，甲板上布滿了噁心骯髒的嘔
吐物。

　　「離欄杆遠一點！」船長大吼。「如果有任何人掉下
船，我們不會轉頭救你。像這樣的晚上，在我們能找到你
之前，你就已經冷得休克死亡了。我們只會大略記下你死

亡的地點，然後通知你的父母。」這也許只是虛張聲勢，但誰也沒把握。

　　狂風巨浪繼續增強，海浪打上船首，海水湧灌到甲板上。當船傾斜迎接下一個巨浪時，滾滾海水向船尾襲來，所到之處一片狼藉。救生衣、箱子，還有其他的殘骸在甲板上翻轉滾動，很快地，又被船首襲來的海浪全給沖入大海之中。救生艇的固定繩索危險地晃動著，眼看就要鬆脫，連同巨浪一起捲入大海。

　　「快，快，男孩們！」船長大叫羅夫和我，只有我們兩個沒有暈船倒下。「在下一個巨浪打上來前，趕快把救生艇固定好。」羅夫的父親是個百萬富翁，住在維吉尼亞州，他是一個高大金髮的鄉下男孩，有著強烈的個人主義。當我們正往救生艇走去時，另一個巨浪打來，將我們沖倒，一頭栽入救生艇內。我們體重增加的重量扯斷了繩索，推使我們往下掉在積了一呎水深的甲板上，「唉喲！」當我們向前飛出去時，這個鄉下男孩大叫。我們朝著欄杆方向飛去，我的心臟幾乎要停止跳動。如果圍欄沒擋住我們，怎麼辦？突然間，巨浪猛然煞住，我們幾乎要

飛過船的另一邊，還好我們緊握住欄杆苦撐著。後來總算固定好救生艇，我們也在危險中倖存下來。但還來不及恭賀彼此重生，一個更大的浪再度襲來，主帆被扯裂，船頓時處於危急狀態，如果我們的船失去向前的衝力，船會歪斜，任由風浪襲擊舷側。

　　不管有沒有暈船，每個人聽到主帆撕裂的聲音全都跑了過來。在淒厲的狂風呼嘯聲中，船帆劇烈地拍動著。這需要眾人幫忙，才能把帆給拉扯下來、解開它，然後揚起備用帆。船身劇烈晃動，我們和手上的繩索奮戰著，而海水拉扯著我們的雙腳，好似要把我們擊倒般。最後我們終於把帆給拉了下來，並且解開它。我看到周遭眾多人的嘴巴念念有詞，一些無神論的朋友們正在不停地禱告。最後我們把備用帆連接好，準備升上主桅桿的頂端。這時需要一個人坐在主索鞍上面或環扣上，爬到桅桿頂端把帆固定好，否則當船晃動時，那環扣會插入桅桿中而使它無法滑動。

　　「我們需要一個人操作主索鞍，」船長在狂風中大吼著，「有沒有自願者？」他請求的眼神環顧四周。我沒有懼高症，並知道如果別人敢做的話，我一定也能做。軍校

的訓練，使我仍然相當強壯。

「我上去！」我就是沒法克制自己愛現的心理。

我爬上了主索鞍，大人、男孩們開始拉絞盤機，慢慢將我送到桅桿上。當升到三分之二高處時，船向前搖動四十呎，扣環竟插入桅桿內，不能再往上升。我使盡全力，但就是無法拉開它。當底下的繩子持續拉緊時，緊繃的聲音令人擔心那繩索就要被扯斷了。

「停，停止！它卡住了！」我一再一再地大吼，可是儘管眾人只離我二十五到三十呎，這個疊了好幾層的風帆，在狂風中劇烈飄動產生雷霆般的怒吼聲，淹蓋了我聲嘶力竭的呼喊。

這時船左右危險地搖動著，桅桿大弧度地搖擺，幾乎碰到另一邊的大浪。然後我整個人如火箭般在空中掠過，快要掉進另一邊的海浪裡。我很清楚，如果它搖擺的弧度再大一點，我一定會從這高處掉落而溺水。唯一的生機是從這鞍跳到連接船和瞭望台間的帶子上。如果我已經在桅桿頂端，就可以直接從桅桿爬上繩索。但因我只在三分之二的高處，繩索離桅桿有數呎遠，而我的手臂因剛剛猛力

地拉扣環，所以還在顫抖著、沒了力氣。我也清楚當船傾斜時，若我往下跳，有可能會錯過繩索而跳入冰冷的大海中，結束我的一生。

「哦，上帝啊！求你救我，」我大喊著，「不要讓我死！」快速地瞄了底下一眼，我縱身一躍，感謝神，我的時間點剛剛好，雙手抓緊繩索，雙腳穿過它而勾住，我就懸掛在高處。休息幾分鐘後，我爬了下來。

這時候船長已查出問題的癥結，把帆降了下來，我在一旁看著，手和腳還顫抖個不停。

「你還想再試一次嗎？」船長問。

「絕不！」我說，「我要回艙房去了。」小心跨過走廊四處散落的殘物，我走回自己的艙房，可以聽見鄰近艙房裡有男生們呻吟嘔吐的聲音。進到房間，刺鼻的柴油味和嘔吐味令人作嘔。我根本沒察覺暴風雨已把我的房間弄得如同廢墟。我整個人倒在床上，雙手握著床欄。「真幸運我還活著！」我想。我好想知道那一夜上帝接到了多少的禱告和誓言，我也想知道當這場暴風雨過去之後，那些禱告的人有多少會因此真正改變他們的生命。

不知怎麼地，我們脫離了險境。當我們再度航行於平靜的海面上時，生活又回到往常，每個人都表現得若無其事，所有的禱告和誓言全遺忘了。那次我學到為何上帝不會選擇用恐懼來管教人，那是因為當危險或害怕解除時，人們經常就會遺忘，而回復他們的舊有習性。

因為我比較晚到，值更的職務已安排好，而我的名字也不在值哨的名單上。雖然還有其他工作，包括刷洗甲板、洗碗盤和我討厭的雜務等著人去選，但最後我一概抗拒，不參加所有的活動、不去教室上課，不做指派給我的勤務。我只坐在我的艙房裡冥想。沒過多久，船長用力敲著我的房門。

「門是開著的。」我說。

他衝了進來，開始大吼大叫。「你這麼做是什麼意思？巴契勒，你不上課、不做分派的工作、不做任何你應該做的事，你不知道你需要跟別人一樣守規矩嗎？」

「為什麼？」我大聲爭辯，「我恨透了這個地方，我又沒要求來這裡，而且我也不作任何人的奴隸。」他的生氣言詞根本威嚇不了我，我得過摔角冠軍，還經常打架，

從沒輸過。

當他發覺威嚇起不了作用，就改變策略，「好，巴契勒，如果你不工作，那就沒飯吃。」他大聲威脅，轉身後走了出去。我疑惑下一步該怎麼辦，後來我慫恿室友偷偷拿食物給我，我則持續抗拒命令。

其他學生間的士氣也開始瓦解。「為什麼我需要值哨而巴契勒卻不用？」「為什麼我需要刷甲板，巴契勒卻不必？」船長無言以對，他束手無策又來敲門。

「巴契勒，我到底該怎麼做，你才願意守規矩？你破壞了這學校的紀律，他們不服從命令的情緒就像瘟疫一般地傳染開來。」他懇求的眼神看著我。

「我不曉得，你說個條件吧！」我聳聳肩。

「這樣吧！如果你好好上課，合作幾個星期，我會通知你父親，說你表現良好，可以回家過聖誕節。」

我深吸了一口氣、想了一會兒。「就這麼說定了！」我同意。

他很清楚一旦我下了船就不會再回來，我們彼此心知肚明，可是都沒點破。我搭飛機回去過聖誕節時，一上飛

機就馬上點了一瓶啤酒和一包香菸。其他學生驚嚇地看著我，我對他們說：「你們不會再見到我了。」他們真的沒再見到我。

　　父親見到我良好行為的假報告時非常高興，我就是沒辦法掃他的興，告訴他真相。我參與歡樂的節日，嘗試忘掉學校，可是當返校日期到來時，我又得上路了。

就 屬世的觀點而論，金錢就是力量；
但就基督徒的立場而言，愛才是力量。

8

旅途上

哦，老天，別又來了！我嘆了口氣，把身上的薄夾克拉緊了些，一輛銀紅色連結車呼嘯而過，我數著：「一，二，三，」然後立刻轉過身，背對冰冷的強風。冷風灌入後頸，我不住地打冷顫。看看錶，我又開始往前走。走路總比站在原地伸著大拇指（編按：搭便車的手勢）要暖和些。

「在這悲慘的地方已經將近八小時，天氣看起來又像快開始下雪了。」我喃喃自語，拖著麻木的雙腳，走在奧克拉荷馬州一個小鎮外四十號州際公路路肩上。我不理會肚子已飢腸轆轆，對著迎面而來的藍色凱迪拉克轎車伸出我的大拇指。駕駛根本不看我這邊，我把手放回口袋繼續往前走。

陰暗的思緒盤據在我刺痛的腦海裡，不敢相信昨天我才在維吉尼亞州一家暖和舒適的撞球房，和一些朋友喝酒、打撞球，下一些愚蠢的賭注。我喝得愈多、就輸得愈慘，很快就把口袋裡的錢全輸光了。我敲打自己的頭，「為什麼這麼笨，沒留一點錢吃飯呢？」我敢跟上帝說話嗎？雖然我沒學過如何禱告，但我知道祂能看透人的心思，所以我在心裡默默祈求著。

「上帝啊！我知道我一直都壞透了，請你原諒我對所有人造成的傷害，祈求你讓我有便車可搭，有些東西可吃，還有一些錢，好嗎？對了！如果你答應，也請你找一個正常人開的車，讓我能一路平平安安的到加州去，好不好？祈求你！」

我第一次搭便車時只有五歲，而後陸續有些怪異的經驗。有一次，一個吸大麻的人把車開到對向的車道中。另一次是一對夫妻喝醉酒，整段路程一直蛇行。後來我告訴他們：「我要在這裡下車。」儘管那不是我的目的地，但我還想活命。

還有一次，一個男人和他的女友喝著酒，讓我搭他們的車，那男的為了想吸引我們的注意，故意不開車燈，炫耀他在黑暗中也能開車。

有時同性戀者讓我上車，還會和我談交易。

另一次我發現自己居然坐上逃犯開的車。一開始我並不知道，但警察把我們拉出車外，給那傢伙戴上手銬帶走，留下我一人在沒有鑰匙的空車裡。

所以我認為當我祈求上帝幫忙時，最好附帶說明我要

求的是一個「正常人」開的車。在我根本還沒講完我小小的禱告之前，一輛白色的貨車就停了下來。

「上哪兒去？」司機愉快的聲音。

「加州。」我告訴他。

「讚美主，我也正要去那裡，上車吧！」他邀請我。

「喔！糟了，一個宗教狂。」內心想著，但我還是好高興地爬上貨車，坐在他旁邊。我們上路了。我終於搭到車了，高興的忘記剛剛所有祈求的事，一直到最後才又想起。

聊了一兩句天氣之類的寒暄後，我的恩人朝我這邊看，「我敢說你一定是剛和某人過完聖誕節，現在要回家了。」他說。

「不是的，我一直住在佛羅里達州，但現在要去加州。」我敷衍地回答。「那你呢？」我還不想和陌生人談論我的計畫。

「我嘛，要去南加州找個朋友，但是，告訴我，」他把目光從道路轉移到我身上：「你是基督徒嗎？」

他的問題讓我有點吃驚，我自認是個信教的人，我可以和人談上帝、冥想、輪迴轉世、精神科學和新世紀運

動。我對身體輪迴和穿牆的話題很精通，學多種東方的宗教，可是當他問我是否是基督徒時，我不知道如何回答。他在問我是否相信《聖經》或相信應該去愛其他人嗎？幾乎所有的宗教都教導我們應該去愛別人。

他看到我的困惑，就重點地問：「你相信耶穌基督嗎？」

我又不曉得如何回答，我不知道耶穌的故事是寓言、謊言，還是童話？或祂只是個好老師。接著我們談論著耶穌、《聖經》和宗教，似乎他要一路向我傳教到加州！科羅拉多州的公路嚴重結冰，我們周圍的車輛全失控滑出路面，我看出他不像我一樣緊張。當他小心翼翼地掌控方向盤時，嘴裡會大聲禱告。一路我們有點打滑，但從沒滑出路面，這景象真令我印象深刻。

他幫我付了所有用餐的錢，還替我付了旅館的錢。後來又載了另一個搭便車的人。這年輕人恰巧是基督徒，我覺得有點像是局外人般聽他們談話。年輕人下車時，他還拿了三百元給他。

我們繼續往加州前進，他問我：「你要到加州哪

裡？」雖然我不喜歡被傳教，但這麼好的人令我覺得十分窩心。「我要到棕櫚泉附近的高山上，住在聖加西圖山（San Jacinto）的山洞裡。」我想我的回答讓他很驚訝。

雖然我兩眼注視著前方，但我可感覺他挑高眉毛。「你要跟誰住一起？」

「我不想和誰住，我要獨居。」我幾乎是用挑釁的語氣回答。

「你在說什麼？你不可能超過十七歲吧！」他的語氣聽來比較像是好奇而非批判。

「我十六歲，」我告訴他，「無論如何我已獨自生活了好多年，沒問題的。」

他載我到進入峽谷的路口，並給了我四十元。當他的車開走後，我突然愣住了，嘿！那時我在奧克拉荷馬州禱告所求的四件事，上帝全都應許了：搭便車到加州、食物和錢……哦，好吧！就算是四件事吧！因為我還不敢確定這好心的傢伙是否是個正常人。

9

「阿拉伯人」追來了

　　我上山之前，先到商店用好心朋友給我的四十元買了些雜貨，可是我對山洞生活的飲食計畫毫無概念，只買了幾個罐頭食品和一些肉——揹罐頭食品是個大負荷。我小心地把所有的物品全塞進背包裡，將它提起來，又費了好一番力氣才放到肩膀上。我很快就頭也不回地離開鎮上，尋著小徑往前走。

　　前一次走這條陡峭小徑的辛苦記憶還歷歷在目，這次我決定慢慢走以保持體力，過沒多久我便停下了腳步，把背包放在地上，雖然還是寒冬一月初，可是沙漠的陽光直射下來，逼得我得脫下夾克把它塞進背包裡。短暫休息後，我把重擔再揹起，重新上路，我已決定盡量遠離人煙，所以要走到第三山谷去。

　　我還記得上次跟在吉米和桑妮後面，想盡辦法要跟上他們的辛苦，不過若和這次比起來，那次經驗簡直是小巫見大巫。雖然已脫下了夾克，我卻汗流浹背像在洗三溫暖般，全身疼痛地喘息著。背包的背帶阻斷了血液的循環，頭也開始痛，覺得自己就像一隻小螞蟻般，艱苦地走在裸露的鵝卵石上。有時過了好長一段路才發覺走錯了方向，

畢竟這條路我只走過一回，而且那幾乎是一年前的事了。

　　慢慢地一個小時過去了、然後是兩個小時，我開始懷疑人是否會因過勞而死。我終於站在頂端的山脊上，往下看，一邊是四千呎下的棕櫚泉，而第三山谷在另一邊的一千五百呎下。當我觀看著第三山谷時，一個巨大灰色的圓石吸引了我的目光，除了後面還有一顆較小的鵝卵石外，它幾乎是孤獨地佇立在樹林之中。在小鵝卵石旁矗立著一座像牆的山壁。從我站的小徑上看，好像有條溪流從這大石頭旁流過。我決定下去一探究竟，重新恢復體力，於是我踩著大而顛簸的腳步，走下小徑進入山谷。

　　當我到達山谷底部時，大圓石的頂部就在我左邊。我往前走大約十分鐘，爬過石頭間的大木頭，頂部就在我前面幾碼處。景色美得讓人窒息！在圓石底部有一個開口，像是倒蓋碗的山洞。前方裂開一個大約三十呎寬的淺拱型出入口，陽光就此灑入洞內。山洞右邊有條小溪從峽谷瀉下，快速地流過大而平滑的鵝卵石，流入大約三十呎寬十呎深的翡翠綠水池裡。樹林裡滿是大楓樹和月桂樹，左邊一片平坦的綠草地接著一圈的灌木林。我慢慢走向山洞，

山洞裡的富豪

雙眼飽覽著這片大自然的美景。

我將背包放在地上，小心翼翼地走進洞裡，沒發現最近有人來過的跡象。但從被煙燻黑的洞頂可知，之前曾經有人住在這裡。在一面牆壁上，有突出的石頭剛好形成一個低的架子，架子上放了一本積滿厚厚灰塵、黑色書皮的書。我拿起書把灰塵吹開，上面寫著「《聖經》」。我沒打開就把它放了下來。「某些人在尋找神，」我告訴自己，「他們一定沒從這本《聖經》裡找到祂，否則不會把它丟在這裡。」

在洞口外、石頭的左後方，我發現另一個小洞口。我曲膝爬進去，一會兒功夫就站在一個低洞頂的洞裡。微弱的光線從入口處照進來，它有一種如小熊洞穴般的舒服感覺，「真是個睡覺的好地方！」我想。

我迫不及待地想安置妥當，宣告主權，將這小樂園據為己有。我再度回到外面將背包拿到第一個房間，再將背包內的罐頭食物擺放在突出的石面上。在石面末端，我放了一些摺疊整齊的毛巾和一塊肥皂，然後拿著睡袋、衣服，爬進另一端的「臥房」。我將衣服摺疊好堆放在牆

邊，把睡袋展開放在地上。臥房、廚房一概安置妥當後，我從背包裡拿出吊床，將它綁在池邊的兩棵大楓樹之間。

　　黑影已慢慢爬行過石壁間的山谷地面，想到夜晚將獨自在這荒郊野外，我有些許不安。如果山獅或郊狼到水池來喝水，我該怎麼辦呢？我想野獸大概都怕火，最好生個火。我找了些平滑的石頭，在洞的中心處擺了個圈圈，然後出去找尋木柴，直到搬了好幾捆，堆放在火坑旁。最後我往後退，審視我的新家，「現在，我完成了！」我說。它看起來就像在軍校等待檢查的房間一般乾淨！

　　接下來的數週，我比預期的更加忙碌。炊事和清潔佔了我早晨大部分時間。在棕櫚泉有位老先生，教我把有蓋的大鍋子變成火爐。一天的開始，我做香蕉麵包當早餐、清洗碗盤，把食物藏好，免得小動物偷襲。我拔溪邊的綠草搓成球狀來刷洗鍋子，用起來跟商店賣的絲瓜布一樣好。同時也在洞邊水流處築堤，挖了一兩呎深的小池。每天都有新的工作等著我。

　　我用木材和石頭做了張椅子，有靠背和扶手，上面覆蓋著毯子，每天我可以舒服地坐在那兒好久。

夏天時，我脫去身上所有的衣物過天體生活。起初光著的腳還細嫩，但山洞裡地板上的尖銳石頭刺傷了我，所以我把那些尖銳石頭全搬走，然後從池邊搬了好幾桶細沙鋪上，地面平坦、好走多了。

另外，我還做了個捕獸器，後來捕獲了一隻松鼠並煮來吃，又用牠的皮做成小袋子。我也殺過一隻大響尾蛇。因骨頭太多，所以我只吃了一些肉，可是我用牠的皮做了一個刀鞘。

我有賺些小錢應付日常支出的方法，其中製造菸斗讓我小有利潤。我把它賣給棕櫚泉的迷幻藥器材店，該店專門販售菸斗和吸毒者使用的其他相關產品。

起初我需一星期兩次步行到市區買些生活用品，後來較熟悉新的生活型態後，改為每週只去一次。我學到要多買些乾貨，像米、麵條、豆子和麵粉等。

煮米飯和麵條沒什麼難處，十五、二十分鐘後就可食用。但煮乾豆子卻花了我不少時間！第一次我嘗試煮了十五分鐘，但它們粒粒堅硬如石，最後我還是吃了，不過讓我很不舒服。下一次我以雙倍時間煮了三十分，依然沒

什麼變化。當我煮了一個小時之後，豆子仍然硬脆，我懷疑這些豆子可能有問題。我向一個朋友請教這個困難時，他笑著說：「在這樣的海拔高度，你可能要花整天的時間來煮豆子。」

得到極大的快樂之後，我開始重新找尋新方式以得到更多的快樂。這幾乎是我生存的唯一目標，但現在我開始尋找神。有一天，我讀到一本有關美國印地安人的故事，他們使用令人產生幻覺的植物去尋找神。我迫不及待地想親身去體驗。書上提到一種叫做曼陀羅的植物，長在離我山洞幾碼遠的地方。我摘了些葉子，曬乾它們，然後捲成香菸狀抽，但抽後只覺得口乾，沒有神的存在。下一次我把葉子泡成茶，但同樣沒變化，只造成身體有一些脫水狀態而已。

一天我到市區辦雜貨時，無意中碰到一個嬉皮朋友布萊德，閒聊一陣後，我從口袋拿出一片葉子給他看，「你知道這是什麼嗎？」我問他。

他伸手接了過去，在手中捏碎，聞了聞，「當然！」他說，「這是曼陀羅，印地安人用它來讓自己興奮——那

是他們宗教的一部分。它的作用很強。」

「不，它沒有作用。」我回答，「我試過了。我把葉子捲成菸抽、拿來泡茶喝，完全沒有事情發生。它沒作用！」

布萊德笑道：「你根本不曉得該怎麼用，老兄，哪天我會上山來教你。」他週末曾去過我山洞數次，知道我住的地方。

幾天後，布萊德和他的哥哥史蒂夫及另一個逃家的年輕人馬克，出現在山洞。「你準備好神遊了嗎？」介紹完他的同伴後，他問。

「隨時都可以，」我說。他帶了曼陀羅，示範如何用根部煮出很濃的茶。他給每個人一杯，但史蒂夫拒絕。

「我最好在一旁觀看就好。」他說。

我們全部坐在山洞的地上開始喝。

「嗯！我從沒喝過這麼苦的東西。」我說。

「好耶！」布萊德笑著說，「這會給我們一趟真正美好的奇幻旅程。」

我們等了一會兒，沒有反應。「看吧！我告訴你它沒

有作用的。」

「只要再多點時間，就會有作用的。」布萊德向我保
證。

「我們到池畔做日光浴吧！」我建議，大家全贊成。
不一會兒，我們全都伸展在陽光下，但幾分鐘後我開始覺
得異樣，「我要上床去。」我說。我發現鞋帶沒繫好，想
繫上它，但手卻不聽使喚。我只好放棄，跌跌撞撞地進入
山洞，嘔吐後就昏倒在地上。

當我清醒後，外面已是一片漆黑。我點上蠟燭，首先
發現一台可樂販賣機在山洞裡，「太棒了！」我想。「我
口好乾，真的需要喝一罐。」但一個聲音打斷我。

「你別到那裡去，道格，到這裡來，到這裡來。」我
轉頭看到我祖母站在一輛灰色的貨車旁，「快進貨車內，
快進貨車來。」她淒厲地命令我，我試著打開貨車門，但
它卻變成岩石。接下來我發現自己在山坡上，被一群拿著
弓箭的小黑人追趕著，我拚命飛奔似地跑上山坡。

「救命！救命！」我大叫，奮力地跑回山洞找朋友，
「救我，他們要殺我！」當我跑到山洞時，發現我的朋友

們都死了，屍體浮在水池上（實際上他們人在幾哩外的棕櫚泉）。

　　太陽已下山，但月亮升起，我可看到人影幢幢，蹲伏著預備攻擊我。我大叫，用腳踹他們，開始飛奔下山。（蹲伏的人影其實是仙人掌，你定可猜出我是如何發現的！）我抄近路，不走原來的小徑，找最直接的路到棕櫚泉，為什麼我沒死？我無從解釋，只能說，不論我做了什麼，上帝依舊眷顧我。下坡的路很陡，血液裡分泌出大量的腎上腺素，我跨著大步跑，每一步似乎有三十呎遠，如今想來不確定這是否真是如此。

　　我往後看到一些坦克車，轟隆轟隆地開下山朝我而來。阿拉伯人蜂擁在坦克車旁，手拿著來福槍，看起來是那麼真實，這輩子我從沒經歷過這麼大的驚嚇。

　　清晨兩點多，我終於跑到接近棕櫚泉的山腳下。從遠處看到酒吧的亮光，我朝它跑去，店門關著，但可聽到裡面還有聲音。「拜託讓我進去，讓我進去！」我大叫，用拳頭用力敲著門，「他們在追我，他們要殺我！」

　　門打開後，兩個睜大眼睛的黑人把我拉進去，鎖上門，「我沒看到任何人，」其中一人說。「誰要殺你？」

「電話在哪裡？我要找警察！」我大口喘著氣，沒回答那人的問題。他們倆同時指著角落的付費電話，我撥了緊急號碼，一個聲音立即回答。

「我叫道格‧巴契勒！」我對著電話大叫，「我從山上下來，有阿拉伯人在追我，他們已殺了我的朋友！」

話筒那端只靜默了幾秒，「你在哪裡？」他問。

「我在一間酒吧裡，等一下，我問他們地點。」我轉向那兩個黑人，他們正好奇地站在一旁，「我們在哪裡？」我問。他們同時很快地告訴我地址，而我再重述給電話那端的人。

「我們馬上就到！」他說。

大約兩分鐘後，酒吧門口傳來警車的尖銳煞車聲，兩個警察跳了出來，跑進酒吧內，我望著他們，兩眼渙散。有一個警察走向前，聞聞我的氣息，用手電筒照我眼睛，「不是大麻，不是酒精。」他報告給另一個警察。「走，到警察局去。」他說，並為我打開門。他爬入後座，另一個警察滑入駕駛座。

到了警察局，他們帶我從邊門進入。他們再次檢查我

有無任何毒品的氣味，並搜遍我全身，但他們沒發現任何毒品的跡象，除了極度的驚嚇外，我表現得很正常。他們低聲地交談，但高山生活練就了我耳朵的靈敏度，他們說的每個字我都聽得清清楚楚。

「你認為是什麼？」一個擔憂的聲調說著，「你認為這和石油禁運事件有關嗎？」

「也許吧！」另一個警察回答。警官開另一個門叫第三個警察進來，「這是極高的機密。」他壓低聲音說。「你最好進來，把這記錄下來。」警察進來，把紙放入打字機裡，我們交談時打字機不斷地敲著，他打字的速度比我所見過的任何人都要快，根本不怕會趕不上我們的談話速度。警官轉向我，「現在，老實告訴我，到底發生了什麼事？」

我決定把小矮人拿弓箭追我那段漏掉不說，畢竟那段和其他情節不太一致。「是這樣的，我在我的山洞裡，」我開始說，「我聽到槍聲，跑到外面，就看到一群人追著我。」

「你能看清楚他們的長相嗎？」

「不太清楚，」

「你說他們是阿拉伯人？他們長相如何？有什麼特徵？你怎麼知道他們是阿拉伯人？」他一連串地問。

「月光下我可以看到他們的頭巾和袍子，他們是阿拉伯人，沒錯。」

另一個警察小聲、急促地插話，但我還是聽得很清楚。「這些阿拉伯人對石油禁運很生氣，他們一定是計畫攻擊棕櫚泉！」他們三人都面露憂愁，總統有個別墅在那裡，很多有錢有地位的人也住在棕櫚泉，所以他們對每個訊息都相當謹慎。

「你說他們殺了你的朋友，他們用槍嗎？」他問。

「呃，對啊！那地方到處是他們的人，他們用槍對著我掃射，我拚命衝下山。」我伸出刺滿仙人掌的破鞋子。「然後那些大圓石就變成坦克車，轟隆隆地追趕我下山，直朝棕櫚泉而來。」

打字機聲漸慢，突然房裡寂靜下來，三位警察面面相覷。過了許久，其中一人說：「你一定是被什麼控制了，我們也不確定是什麼引起的，因為你未成年，我們要拘留

你幾天。」說完，他去打電話，叫負責青少年部門的人過來把我帶走。

10

從新墨西哥州重返山洞

我被關在棕櫚泉的監獄兩天，僅以甜甜圈和咖啡裹腹，後來被轉送到河濱郡「青年中心」（Riverside County Youth Center）──青少年監獄的含蓄說法。經過兩天的時間，我才停止「看見怪事」，知道自己真正經歷過一趟很糟糕的「奇幻旅程」。

　　在青少年監獄裡，我忍不住猜想他們要如何處置我。在佛羅里達州時，我已把父親的生活弄得一團亂，就算他永遠都不想再見到我，我也不會對他有任何怨言。其實當時我並不知道，我被關在監獄裡時，他一直想盡辦法，尋找管道讓他們把我放出來。然而再回去和我母親同住，根本是不可能的事，我所能想到的唯一解決途徑就是逃跑，回到我的山洞裡。

　　在河濱監獄，我的室友也叫道格（Doug），他和我開始計畫逃獄，我們偷帶些火柴進牢房，一人把風，一人用火燒熔那在窗栓周圍、固定玻璃窗的橡皮。用了六盒火柴後，窗栓終於鬆動，我倆高興萬分卻不敢出聲，只能互望一眼。我小心翼翼地把玻璃窗取下，探頭往外望，沒人看守，但可聽見樓下有聲音傳來，所以我很快再把它恢復原

狀。我們很滿意地觀察自己的成果，燃燒的痕跡並不明顯，沒有人會發現窗戶被動了手腳，我們決定等待適當時機再行動。

然而就在我們的計劃只缺臨門一腳時，一位警官打開了牢門。「道格·巴契勒，」他叫我。

「是，」我回答。

「跟我來！」他命令，「我們要釋放你，把你交給住在新墨西哥州的伯父——哈利·巴契勒來監管。」

我簡直不敢相信我所聽到的，哈利伯父在納瓦霍（Navajo）印地安保留區開了一家商店，他和伯母妮塔（Nita）是我見過最好的兩個人。他們喜歡納瓦霍人，盡力地幫助他們，不像其他人會剝削他們。伯父的正直和誠信，在印地安人間是眾所皆知的。他並不稱自己是個基督徒，可是他在生活言行很多方面就像基督徒。

「你的伯父會在機場接你。」警官說。

我鬆了一口氣，「哈利伯父不會對我失望的，」我下定決心，「我要成為他有史以來最好的幫手。」

而一開始我也確實是個幫手。哈利伯父和妮塔伯母

待我如同他們的兒子，我的表兄東尼和我年紀相仿，相處也頗為融洽。我真正感受到整個家庭的愛和他們對我的關心，自從軍校生涯後，我第一次真正恢復自信心。

我的伯父開了兩家商店，我在位於新墨西哥州的金碧多那一家幫忙，負責將貨品上架、掃地、維持商店整潔。「你要什麼就自己拿，道格。」伯父總是這麼說。他真的不介意我拿香菸，因為他自己也抽菸。我肚子餓時會自己做三明治，和東尼到曠野打靶時也可自行取彈藥。

我喜歡納瓦霍人，尤其是女孩們。很少年輕人喜歡上學或者離開保留地，不過其中也有例外。有一天，一個外表俊帥、約十八歲左右的男孩走進店裡，從他明亮的眼神和文質彬彬的談吐中，我看得出他一定不是泛泛之輩。「我從沒見過你，」我招呼他，對他說：「你住哪裡？叫什麼名字？」

「我叫肯恩‧普拉特羅，住在這裡的保留地，但我在華盛頓一所大學就讀，我回來過春假。」他有點靦腆地笑著解釋。

我很驚奇地說：「老兄，你一定很聰明喔！你爸爸很

有錢嗎？」

「他沒有錢，我是拿獎學金讀書的。」他拿起購物袋說。

「哪天商店打烊時過來，我們可以去騎摩托車。」我邀請他。他喜歡我隨和的態度，而我則欣賞他的聰明和俊秀的外表。

我不了解酗酒在印地安人中是多麼嚴重的問題，因為他們身體內的某些特定基因，使他們比一般人更容易有酗酒傾向。伯父告訴我，他在保留區的這些年裡，還沒碰過一個印地安人在喝完一杯酒後，能把瓶蓋蓋回，再把酒瓶收好。「他們會不停的喝，直到沒錢、沒有酒或者昏倒為止。」他說。

遇見肯恩幾天後，我們一起騎摩托車出遊，我疏忽了伯父曾提醒我的明智話語，做了一件很蠢的邀約，讓我從此後悔莫及。我說：「我們去酒吧買半打裝的啤酒。」我只單純想喝酒，沒有顧及會有後遺症。

肯恩一下子臉色全變了，他低下頭來，避開我的眼神好似羞愧般。他說：「道格，我不要，喝酒不是什麼好

事，我不想沾上它。」

很不幸地，我堅持：「哦，拜託你，肯恩，只喝一罐沒有關係的，再說我未成年，也得拜託你去幫我買。」那時我未滿十七歲。

「不行，道格，對喝酒這事我不想有個開始，它就是一種麻煩，每個喝酒的人都會惹上麻煩。」

我可看到他內心的掙扎，他的基本常識告訴他「不可以」，但禮貌的本性或想討好人的慾望卻說「好的」。後來他同意去買，我給了他一些錢。我們爬上機車朝酒吧方向加速，幾分鐘後他從酒吧出來，拿著一小箱六罐的啤酒。我將它們用夾克裹住，拉上拉鍊，一起到空曠的地方一股腦地把六罐全喝了。

一兩天後我又如法炮製，只是這次我花了較少時間慫恿他。不到一星期的時間，我們不只去了好幾趟酒吧，我還教他製造啤酒的方法（用五加崙的水加入酵母和麥芽糖）。可憐的肯恩！他從此再也無法回去大學就讀。

我又開始疏於工作，大部分時間花在騎摩托車、喝酒、泡妞和惹麻煩，當我越來越失控時，也越不快樂。

終於有一天，我的哈利伯父叫我進去。他很嚴肅地說：「道格，如果你想變成這個家庭的一分子，你就必須改正你的行為，否則你就得離開。」從沒看過伯父這般地憂愁，我覺得很難受。幾天後我把自己的錶當了二十元，買了新背包，又一路搭便車回到我加州的山洞，因為我又把事情搞砸了。

我在棕櫚泉停車，上山前先到商店買些必需品。正當走出商店時，我聽到有人叫我的名字。

「嗨，道格！」

我轉過身，吉米站在那裡神情專注地看著我，他就是我十五歲時帶我去看他住的塔奇茲峽谷山洞的吉米。

「真的是你嗎？巴契勒？」他不敢置信的搖頭。

「對啊，是我，沒錯！」我向他保證。「我剛從新墨西哥州的印地安保留區回來。」

很顯然地，吉米從那些教我喝曼陀羅汁的朋友們那裡聽到我的消息。「我們都以為你已經死了。」他咧嘴笑著說：「自從那次曼陀羅聚會後，我們就沒再見到你，找你的屍體找了好幾天，最後才放棄，真高興你還活得好好的。」

「謝謝你。」我咕噥著。整件事情又再度閃過腦海，當我想到自己闖下的那些蠢事時，真是覺得難堪。「其他人怎麼樣？」我關心地問。

「他們不太好，」吉米說，「馬克踩到了熱煤礦，嚴重地燙傷他的腳，住院治療，不過現已出院了。」他似乎不願再談下去。

「布萊德呢？他怎麼樣？」我追問。

吉米只是搖搖頭，好一會兒才說：「沒有人知道，史蒂夫告訴我，你們昏睡後他也在洞裡倒地就睡，隔日清晨醒來每個人都不見了，布萊德很可能在峽谷底部的某處。」

難怪他們認為我也死了！悲傷地想著那晚狂奔下山的情景，實在不解我何以還能存活。

那天當我爬山回到山洞時，深刻地好好反省了一番。不論我嘗試多麼合理化自己的感受，都不能逃避一項事實，那就是當我做錯事時，我不只傷害自己，同時也傷害了我周遭的人。難道是我的愚蠢使布萊德喪生嗎？整段爬山的路程，罪惡感比我背後的背包更沉重地壓迫著我。

我終於走到第三山谷，就在離開小徑轉往山洞的方向，一顆大石轉彎處，我幾乎迎面撞上一個年輕人。我們都嚇了一跳，在原地停止腳步彼此對看。最後我說：「你好！我叫道格。」

　　「我叫葛倫。」他回答，我們互相點點頭。

　　「你在上面做什麼？」我問。

　　「我住在這裡。」

　　「哪裡？」

　　「我的山洞。」他怯懦地回答，伸出大拇指越過肩膀，指向他後方某處。

　　「你認識吉米和桑妮嗎？」我問。

　　「嗯。」

　　我在想，「這傢伙怎麼了？他不知道該如何交談嗎？」

　　很明顯地，他喜歡一次只回答一個問題，所以我露齒而笑。

　　「呃，我回來這兒住，我的住處就在那顆圓石下的大山洞。」我指向前方醒目的石頭。

當我們交談時，我仔細端詳他。他是一個矮個子，大約五呎七吋，有著雜亂的鬍子和銳利的褐色眼睛。雖然看起來大約二十五歲左右，但他淺褐色的頭髮已有點稀疏禿頭現象，皮膚因長期在戶外生活被陽光曬得黝黑。他的性格令我好奇，覺得他的沉默寡言必定隱藏了一些祕密，我很好奇那會是什麼。後來才知道他的父母曾去印度當醫療傳道士，當他們全家搬回美國時，兩邊的人民、學校和生活截然不同，需要重新適應。他不喜歡和美國小孩在一起，大部分時間獨處，儘管他很聰明、有才能，卻從沒結婚，現在似乎正在逃避他的人生。

後來發現，我們兩人是往後幾個月裡，這山谷中僅有的居住者，他喜歡我的滔滔不絕，而我則對他神祕的沉默很好奇。那日我們先互道再見，彼此允諾很快就會互訪。

當我回到我的山洞時，果然，我先前所有的東西全不見了。畢竟我在新墨西哥州待了三個月，而我的朋友都認為我已經死了。讓我頗為驚訝的是那本《聖經》還放在原處，有個聲音說：「道格，把它拿起來讀。」我抑止那聲音，決定以後再讀它。首先我得把山洞重新整理乾淨。

我邊哼著歌，邊把補給品收藏好。外面潺潺流水聲，就如快樂孩童喋喋不休的嬉戲。陽光從頭頂灑下，微風在大楓樹梢間低語，外頭紅雀鳥愉悅地歌唱著。我回家了！

　　有天下午，我坐在洞裡捲著香菸，聽到微弱的叫聲「喵！」，我靜止，歪著頭傾聽。

　　「喵！」

　　它聽起來當然像是隻貓的叫聲，這裡有野貓、山獅，但這聲音卻是一般的貓叫聲。我疑惑，一隻小貓如何跑到這荒山野外？然後我看到牠了。跳過小溪間的石頭，迎面而來的，竟是隻最漂亮的、黑白相間的長毛波斯貓。

　　「你是從哪裡冒出來的？」我問牠。

　　這問題一直沒有答案。但往後的一年半，「陌生人」在我的山洞裡住了下來，牠是一隻很兇猛的狩獵者，牠的食物大半靠自己獵取，松鼠、鳥，當然還有老鼠。自從「陌生人」來後，這些動物很少能在山洞裡存活。

　　有時在夜晚，當牠捕獵完後，會跳進我的臥室山洞，用牠的腳溫柔地推著我的鼻子，直到我把毯子拉起來蓋住牠為止。然後牠會爬到我的腳下，蜷縮而滿足地喵喵叫

著。我承認那是一種很舒服的感覺，不過有一次牠和臭鼬打架，我不得不將牠逐出洞外一星期。

我花許多時光快樂地探索我的峽谷和附近的景點，直到我對這區域瞭若指掌。從春到秋，熱愛爬山的人週末會上山來，常常經過問路或坐下來聊天。

有一天葛倫和我要到市區，走到半途突然聽到呻吟的聲音，我們搜尋附近的山脊，發現一個年輕男子坐在石頭邊緣痛苦地呻吟，身體搖晃著，血從頭皮裂傷處流到一邊的臉上。他的衣服裂開，身上有多處擦傷、淤血和已經乾了的血跡，我們趕緊跑過去。

「發生什麼事？」我喘著氣。他不斷呻吟、前後晃動，但沒有回答，顯然是處於極度的驚嚇狀態。

葛倫朝上瞄了一眼。「看來他是從上面摔下來的。」他伸手指向離我們約一百呎高的山脊上。「從那麼高的地方摔下，怎麼沒摔死？」

「我們最好快點幫忙！」我屈身靠前，在那男子耳朵旁說：「老兄，撐著點，我們很快就回來。」葛倫和我快速地衝下小徑，往棕櫚泉奔去，我很確定那次下山的速度

一定破記錄。

在美菲（Mayfair）市場我們打電話給搜尋急救中心。「快點！」我上氣不接下氣。「有個人在塔奇茲峽谷跌落小徑，受傷很嚴重！」

緊急對談了一些問答後，他們告訴我馬上派一架兩人小組的直昇機上去。我們趕快回到小路和受傷的傷患在一起，搖旗讓直昇機及醫護人員知道地點。

直昇機找到可以盤旋的地方，急救人員帶著他們的設備緊急下機，駕駛員讓引擎持續發動著。

葛倫和我站在一旁觀看，急救人員很快檢查了那人的生命跡象，給予靜脈注射，然後把他固定在擔架上。

山上沒有足夠的平地可供直昇機降落，所以技術精湛的駕駛員將一腳架停靠在小懸崖的邊上。我們四人合力抬著擔架，慢慢爬上石坡，將患者抬往直昇機。每次我們的腳一打滑，那可憐的傢伙就大聲呻吟，當我們快接近直昇機時，我開始擔心自己的安危。直昇機上方的旋翼引起下旋氣流，強風將塵土、仙人掌球吹得四處飛揚。如果直昇機停靠的石壁掉落岩石的話，可想而知，我們將會被打

中，壓成肉泥。還好我們很快便將傷患的擔架安全地固定好，讓直昇機升起飛往醫院。

後來我在市區碰到那位直昇機駕駛員，他告訴我那年輕人因酒醉失足，「他真是命大，還好碰到你們兩人幫忙。」那駕駛員說。

參與急救工作讓我覺得與有榮焉，這事從此開啟了我與「河濱搜尋及急救小組」的友誼。在這崎嶇的高山健行，失蹤或受傷是常見的事，直昇機駕駛經常會低飛到我山洞前，用揚聲筒問我是否看到失蹤的登山客，我會以手勢或搖紅布回應。雖然我是這阿瓜卡蓮特（Aqua Caliente）印地安保留區的入侵者，但因我和搜救小組的合作，倒也一直相安無事。

大部分的人常因醉酒或吸毒而跌落山谷，並非每個意外傷患都有美滿的結局。沿著懸崖狹窄的小路行走，登山客常只注意他們的腳步，而疏忽了背後比他們頭還高、塞得滿滿的大背包。偶爾大背包碰觸到頂上的大石頭，接著人就一路跌撞到下面的峽谷裡。

有些登山健行客想要沿著小溪下山，結果走入死胡

同裡。在第三山谷中，有連續的三個水池吸引他們前行。為了要走到第一個水池，他們得滑下一片幾乎是垂直的陡峭石壁。然後沿著小徑往下，他們來到同樣也是在陡峭圓石底部的第二水池。當他們看到第三個水池而繼續往下走時，卻看不見第三個水池下有一百呎高的瀑布。當他們走到這第三個水池時，就被困住了，沒有特殊的裝備是爬不出去的。想要爬上那些山壁，就如一隻甲蟲想要從玻璃罐內爬出去一般困難。有些人死於凍傷，有些人餓死或遭毒蛇咬死，而一位老先生則因掉入冰冷的池水中，心臟病發作而死。

當我去市區購物，看到街上遊民在食品超市後面的垃圾箱內尋找食物時，簡直嚇壞了。我第一次看到他們時，還問：「你們在幹嘛？」

「噢！我們在尋寶，這商店丟掉很多好東西，尤其是香蕉特別好。」

「真嗯！」我內心想著，「我絕不從這種臭垃圾桶找東西，這些人真是沒尊嚴。」

每次我進市區，總看到這些人在垃圾堆裡搜尋東西。

後來我實在太好奇了，所以也湊近瞧瞧。很快就發現確實有一些可用的東西，因此不久我也加入了行列，在垃圾堆裡翻尋寶物。

我最喜歡的是外皮有黑點的香蕉，因為它們過熟，商店不能賣，但正適合用來做香蕉麵包。我們也在尼可林諾麵包店後面，找到很多麵包和比薩餅。當天店裡沒賣完的，他們一定丟掉，所以我們總是不虞匱乏。當我變成基督徒之後，我心想：「罪惡就像是在垃圾堆裡尋寶！一開始似乎覺得噁心、令人討厭，但當你漸漸習慣之後，噁心、討厭的感覺會逐漸淡去，直到最後你自己也融入其中，沒有任何感覺。」

我很快地和棕櫚泉的街友們變成朋友，他們沒人有像巴伯或吉姆這樣正常的名字，都用綽號稱呼，像瘋子丹（Crazy Dan）、鐵路（Railroad）或馱鼠（Pack rat）。

有一天有位叫理可的朋友在一群夥伴間嘲笑我。「你是個山洞人！」他說，「我們不能再叫你道格了，我們要叫你『呀巴度』。對了，『摩登原始人』（又名：聰明笨伯）裡的那個山洞人愛講的第一個字就是『呀比答巴度』。」

「我寧願你們叫我道格，甚至『山洞人』（Cave Man）。」我說，「但別叫我『呀巴度』！」

所以他們叫我山洞人，這些朋友直到如今都這麼稱呼我。

街友們中有一些很滑稽、好笑的事情。有一個年輕人，身高只有四呎十吋（約150公分）高，大家都叫他小里奇。他晚上喜歡睡在「好心」（Good Will）的舊衣回收箱裡，因為身材矮小，他正好擠得進回收箱的置物口。他喜歡睡在那兒，因為人們丟棄的舊衣物，正好可以讓他有個柔軟舒服的床。但有一天清晨，有個人決定將家裡的舊鍋盤也捐獻給愛心團體，你可想像當鍋盤開始嘩啦啦掉在小里奇頭上時，他驚嚇的反應；你也可以想像當那善心人聽到從回收箱裡傳出聲音說「喂！不要再丟了」時，有多麼驚嚇了！

還有瘋子丹，他吸了迷幻藥，神智不清，會和商店櫥窗的人體模特兒爭執吵架。

一開始住到山洞時，還可以聽收音機節目，但它總有些限制，而且我發覺自己希望有個多用途的東西。當我哥寫信問我要什麼生日禮物時，我要求一枝長笛。

幾個星期後包裹送達，我興奮地打開它，襯著藍絲絨
的盒子裡，擺了一枝全新、美麗的山葉牌（YAMAHA）銀色長
笛。我發現想要吹好它比想像中還難，但我有的是時間，
經過許多練習，最後我竟能吹奏得好到讓別人以為我是內
行人。後來當我去市區購物時，也帶著長笛，在一家許多
嬉皮客喜歡聚集的書店門口，找個好位置，盤腿而坐，吹
起我的長笛。偶爾有路人會停下來傾聽，有些人會丟些錢
幣在我前方的杯子裡。當我認為已收集足夠錢購物時，我
就收起行頭，轉往美菲市場，買一些垃圾箱裡沒有供應的
東西。

11
發現真理

　　日復一日，住山洞的新鮮感慢慢退燒了，生活逐漸變得索然無味。身處於自然美景之中，我的思緒更轉向尋求神。起初，我因渴望尋求那難以達到的內心平靜而來到這個地方，而且我也花了很多時間閱讀哲學和東方宗教書籍。東方的宗教教我冥想、內省，因為他們認為在那裡可找到神。但我愈內省就愈失意，因為我知道我的內在一團混亂。

　　我的思緒已被我猶太親戚們誤導，對基督教產生偏見，他們當然不接受耶穌為彌賽亞。他們教我基督教是歐洲歷史上所有戰禍的起因——十字軍、黑暗時代的大屠殺，以及在愛爾蘭天主教和新教徒間的戰爭。

　　我聽過一件關於耶穌基督的事蹟，倒是激起了我的興趣。我曾被誤導，認為耶穌教導靈魂轉世，於是決定深入探討，也許可收集一些材料，來攻擊那些喜歡和我辯論宗教的耶穌狂。

　　有一天，我從石頭架上把《聖經》拿下來，拭去灰塵，上面寫著：《聖經》英王欽定本（Holy Bible, King James Version），可是我卻滿腦子疑惑，誰是英王的「處女」（virgin）

呀？雖然已經初中畢業，但我識字程度和閱讀能力卻很差，以致誤認了「版本」（version）一字。

打開《聖經》，在內頁封面上有手寫的字跡：「重生於一九七二年七月二十二日，我祈禱任何發現這本《聖經》的人會讀它，並和我一樣找到平安和喜樂。」底下是捐贈者的簽名。

「嗯，」我想，「沒錯，我是在尋找平安，但我懷疑在這裡可以找得到。」雖然如此，我還是在我的椅子上坐了下來，從第一頁開始讀起。每次我讀到「弟兄」（brethren）時總以為是「呼吸」（breathing）。我猜想「這一定是個宗教名詞」。你一定會很訝異我在〈使徒行傳〉裡，發現他們是多麼強調「呼吸」這件事！

儘管我讀欽定本的古英文有困難，不過故事卻深深吸引我，好似上帝就顯現站立在我身旁，讓我相信這就是真理。我喜歡亞當和夏娃的故事，真希望我能早些相信它，因為如果是上帝創造了第一個男人和女人，那我就是上帝兒子的後代，而不是一些阿米巴原蟲或猴子的後代，這會讓我好過些。當我繼續讀下去，在腦海裡重新體驗那些早

期的事蹟時，亞當和夏娃因違反上帝的命令而必須離開伊甸園，真讓我難過。

洪水氾濫的故事吻合了我的幻想。如果洪水曾經淹沒了整個地球，難怪我在新墨西哥州時，曾在七千呎的高山上，發現海洋生物的化石。這也能解釋這裡數百呎高的峽谷石壁，為何會如此平滑的原因。毀天滅地的大洪水在來回沖刷時，攜帶了大量的淤泥，這說法比起學校老師教的更為合理。

當我覺得椅子太硬時，就轉往吊床繼續讀。肚子餓得胃痛時，我不情願地將《聖經》放下，草草為自己預備午餐，然後坐在我的「桌」前（一個翻轉過來的小水桶），把《聖經》放在膝上邊吃邊讀。

雅各讓我聯想到自己。他欺騙的詭計使家庭失和，也迫使他必須得逃離家園。我想到自己大部分的時間都在逃家，當我讀到雅各最後回到他父親身邊的那一段故事時，不禁潸然落淚。

我一再讀著十誡，它們就像是完美的律法組合！我發現第四誡提到第七日是當守的安息日，於是我到臥房山洞

去看我的舊日曆。「這指的不就是星期六嗎？」我不解。之後我把十誡又讀了三遍。「如果人們都能遵守這十條誡命來生活，那我們的世界會有多麼大的不同呀！」我想。

當我讀到〈出埃及記〉後半段時，那些我不會唸的名字讓我開始退卻，最後我將它放在一旁，但心裡反覆回味著那些故事，我開始了解上帝真正關注與人類有關的事。

有一天我在市區意外碰到一個宗教狂，我不像往常一樣躲著他，反而主動告訴他我在讀《聖經》，「可是故事讀完了，」我感傷地說，「從〈出埃及記〉後半段開始，全是人名、數目，一再重複相同的事情，難道沒有其他更好的故事嗎？」

「當然有啊！《聖經》裡充滿了故事，」他回答，「你怎麼不試試《新約聖經》？〈馬太〉、〈馬可〉、〈路加〉和〈約翰〉四福音書，他們都是有關耶穌基督的。」

「我不確定自己相信耶穌基督。」我緩緩地說。

他不爭辯，「這得由你自己做決定。」他說。

我決定試讀《新約聖經》，〈馬太福音〉一開始就

是耶穌基督的家譜，我以為又做錯了決定，不過讀完家譜後，我很快發現這記載是有故事情節的。實際上當我開始讀〈馬太福音〉時，心裡是有防備的，但我發現耶穌並不是個只想榮耀自己，愛欺騙人的庸醫，而是個溫暖、有大能、有愛心、肯原諒別人的人。祂教導和治療病患，並將人從死亡中救回來。

我感覺神顯現是為了使我確信這就是真理，但撒但仍在一旁製造懷疑。「你甚至不曉得那人是否真實存在，也許祂只是一個聰明作家筆下的幻想人物。」撒但在我耳邊低語著。

這個嘛，也是有可能的，不過我會去查個水落石出。我到棕櫚泉公立圖書館，查出耶穌不只是個歷史人物，祂還是個非常重要的人，因為所有的歷史年代，都是從祂的出生日期開始計算。

我讀完〈馬太福音〉，接著讀〈馬可福音〉。它說的故事大部分相同，但似乎比較著重於耶穌的行動事蹟。我真正喜歡的是〈路加福音〉，尤其是浪子的故事，我覺得自己就是那叛逆的兒子，需要求助於天父。

〈路加福音〉裡還有一個「良善的撒馬利亞人」的故事，想到那等待搭便車的失意夜晚，所有的車從我身邊呼嘯而去。只有那個基督徒過來，像撒馬利亞人般幫助了我。我開始對基督教有新的見解，其他的宗教信仰和它相比就失色許多。它不教我尋求內在的力量，而是仰望主耶穌，因為祂會將我所尋求的平安及寬恕賜給我。

〈約翰福音〉對上帝和祂的愛有深入的看法，令我相當震撼，我可感覺到耶穌吸引著我。

讀完四部福音書後，我覺得必須要定位耶穌。我知道祂真的存在，但祂究竟是誰？我歸納出三種可能：祂是瘋子？是騙子？還是祂自以為是上帝的兒子？

我當時全心全意想找尋真理，只是不曉得可經由禱告祈求上帝的指引，但我相信上帝一定知道我內心的渴求，因而幫助我想通了。

「祂有可能是瘋子嗎？」我問自己。

我想到祂有很多次僅用少許言語，就讓祂的敵人百口莫辯。祂言語充滿了力量，就如登山寶訓，祂可以洞悉人們的思想和心思意念。不，我確定祂不是個瘋子，而是個

聰慧的人。

「祂是個說謊家或騙徒嗎？」

我想到祂大愛無私的人生，祂醫治病人、叫死人復活、趕出污鬼。祂奉獻一生宣揚真理，揭穿假冒為善。如果祂真是個騙子，祂可以在受審判時輕易說謊得免一死。我自己是個技巧高超的騙子，俗話說同類型的人最了解彼此葫蘆裡賣的什麼藥。不，我很清楚，祂絕不是個騙子。

那麼，就剩唯一的結論了。

耶穌就是祂所宣稱的：「道成了肉身，住在我們中間。」當我得此領悟時，立刻在山洞裡跪了下來，「主耶穌！」我大聲哭著，「我相信你是上帝的兒子，我的救世主，我相信你擔當了我的罪。我要你進入我的生命，告訴我如何跟隨你。」

然而一旁的撒但卻加速阻止我的行動，我真的感受到善惡兩股勢力在我心裡搏鬥。

「你在做什麼？」撒但問，「你一定是待在山上太久了。你看看你，還自言自語，不管怎麼樣，你只是個無可救藥的罪人，還記得你所做的惡事嗎？你真是太過分

了！」

「可是除了已經犯了的錯和罪惡之外，我還必須丟棄什麼呢？」我問，「主耶穌，我知道我做了很多惡劣愚蠢的事，我很抱歉，你會原諒我所有的錯嗎？請求你改變我，好嗎？」

我跪在地上許久，沒有感覺亮光或任何戲劇性的情景。但不知為何，我知道上帝聽到我的禱告，也赦免了我的罪，我的心充滿了有生以來最美好的平安。慢慢地我站了起來，並且環顧四周，整個世界似乎變得更美麗。瀑布飛濺的音樂聲、清澈的池水、樹梢的擺動和蔚藍的天——上帝為我們造了一個多麼美好的世界，讓世人居住其中！我心歌唱，渴望能將快樂與人分享。

那天，我並沒有立刻就戒菸戒酒，也沒有停止抽大麻。上帝並沒有告訴我這一生該做什麼改變，但祂確實接受了我，讓我知道我屬於耶穌基督。當我在主恩典中成長時，聖靈才一步步地引導我，使我知罪、認罪。

幾天後，一個浸信會的會友爬山經過我的洞口停下來閒聊，很快地我們就聊到宗教的話題，我告訴他所有關於

我順從主的事。「這太棒了！道格，我真為你高興。」他很真誠地說，「但你還沒受洗吧？」

「什麼！受洗？沒有，」我遲疑地承認，「我從沒想過這個，《聖經》哪裡有說到要受洗呢？」他拿起我的《聖經》，很快翻到〈馬太福音〉。「這裡，〈馬太福音〉二十八章十九節：『所以你們要去，使萬民作我的門徒，奉父、子、聖靈的名給他們施洗』。」

「它寫得很清楚，」我承認，「可是我怎麼受洗呢？我根本不認識任何牧師。」

「那沒問題！」他說，「這裡有水池，我來為你施洗。」

「這，嗯⋯⋯」我猶豫著，「好吧，如果我必須受洗，那我們就做吧！我去準備東西擦乾身體。」我從架上拿了兩條毛巾放在水池旁的空地上，我倆屏住氣踏入冰冷的池水裡。

「握著我的左手腕，」他說。我用兩手抓住，他舉起右手於我頭上方，莊嚴地說：「道格弟兄，因為你相信主耶穌為天父之子，我現在奉父、子、聖靈的名為你施洗，阿們。」他將我放入水中再拉起。我們倆爬出水池，擦乾

身體時，我覺得內心非常歡喜快樂。

　　然而我的快樂僅是短暫的。後來我步行到市區，買幾瓶啤酒慶祝我的受洗，體內有個聲音告訴我：「道格，基督徒是不喝酒的。」

　　「但主耶穌不喝酒嗎？」我辯駁，「祂不是把水變成酒嗎？」沒人告訴我在《聖經》裡的「酒」，其實是指「葡萄汁」。當它發酵時，就稱它為「調和酒」或「濃酒」。後來我才知道在《聖經》裡有說：「酒能使人褻慢，濃酒使人喧嚷，凡因酒錯誤的，就無智慧。」（箴言20：1）

　　我曾用過許多毒品，包括迷幻藥、興奮劑、鎮靜劑、大麻、天使丸和古柯鹼，但酒精比任何一種毒品更容易使人成癮、發生危險。半數以上的公路車禍，死因就是酒醉駕車。並且有半數以上的人因酒而住進監獄、醫院或精神醫療機構。我那天並沒有打算要喝醉，但一瓶啤酒下肚後，我的意志力變得薄弱，又和一位朋友繼續喝了幾瓶。受洗日那天太陽還沒下山，我就因酒後失控而被逮捕。

　　幫我施洗的朋友忽略了重要的下一節：「所以你們要去使萬民作我的門徒，奉父、子、聖靈的名，給他們施

洗;凡我所吩咐你們的,都『教訓』他們遵守。」他沒有教我如何過基督徒的生活。以他的立場來說,教導一個新的基督徒需要花很長的時間,而他只不過是一名登山客。上帝藉他來開啟我基督徒的道路,後來有其他的基督徒教我如何活出基督徒的生命。

隔日從監獄被釋放,我覺得非常羞愧,但無論如何我知道上帝會原諒我,我繼續讀《聖經》和禱告。我開始留意主和我同在時會有什麼表徵。在經文裡讀到「要常常感謝」,我確信上帝所說的話。所以如果我撞傷了頭、傷了自己,我就說:「謝謝你,主」,我不讓惡魔引誘我說出詛咒的話,因為我知道不能在感謝神時,又同時說詛咒的話。

葛倫似乎對我新得的快樂顯得很冷淡,我覺得有點失望。我無法了解他的態度,但我不因此沮喪。我的熱忱與日俱增,開始求上帝為我打開一條為祂作見證的路。「但那可能太困難,甚至對上帝來說也是困難,」我想,「山上除了葛倫外,沒有別人,而他根本不想聽。」

我深信上帝對我或葛倫自有祂的計畫!我不知道當時葛倫已對屬靈的事重啟興趣,幾年之後他重新將生命託付給上帝。

12
一日之星

我 禱告祈求上帝教我如何為祂作見證。幾天後我走出峽谷，打每個月的例行電話給我母親。當她聽到我的聲音時，好像很興奮的樣子。

「哦！道格，你猜猜看！」她笑得開懷，「我之前和CBS（哥倫比亞廣播公司）的新聞工作人員吃飯，他們認為一個億萬富豪的兒子在山洞裡生活，是個很具吸引力的題材，他們想要上山拍攝你。」

「好啊！」我說，能上電視還挺興奮的，我猜我是遺傳了一些母親對戲劇圈的熱愛。「他們什麼時候來啊？」我問。

「我不清楚，你明天再打電話來，我們再確認。」她說。就這樣，在那個星期當中，我上山下山，來來回回走了好幾趟，但答覆總是一樣：「明天再打來」。

媽媽最後對CBS失去耐心，轉而和NBC（全國廣播公司）接觸，他們一聽到故事馬上就作了決定。隔日上午九點半，我和母親及兩家的電視工作人員（CBS和NBC）在機場碰面，兩組人員很不智地搭乘同班飛機抵達。他們立即爆發激烈的爭執，到底誰可取得拍攝的權利。我頗為尷尬，但多虧

母親的協助，她馬上插入調停，當起裁判來。

「是你們自己錯失良機，」她告訴CBS的工作人員。「我兒子每天不斷的來回跑，而你們只是讓我們空等，所以我們才把這故事轉給NBC。」

CBS的人員臉漲得通紅，開始對媽媽大吼。「女士，難道你不了解要把這件大事辦好，需要很多的前置作業嗎？這已經是我們所能做的最快時間了。」他說的口沫橫飛。

「也許對你們來說是這樣沒錯，可是NBC卻不需要花這麼多的時間，」她回應，「他們拿到這故事的轉播權，就這麼決定了！」

「你知道我的公司要損失多少錢嗎？夫人，你真是很可惡！」說完，他和他的組員氣沖沖地走了。

一開始我覺得疑惑，「主啊！事情為什麼要變成這樣呢？」後來我得知CBS的人員帶了一套豹皮的泰山短褲給我，計畫將這題材製作成喜劇。上帝對祂所安排的一切了然於心！

雖然場面有點激動，但這並不困擾媽媽，她在很短時間內就把一切安排好，把東西搬去。我們的直昇機駕駛皮

特‧史考特，需要來回飛行兩趟，才能把所有人員和器材
送上第三峽谷。但是，坐直昇機上山，不需花多少時間。

　　從高空俯瞰我所走過的無數次小徑，是個很刺激的
經驗！在峽谷中降落，也需要高超的技術，山洞前沒有空
地，所以皮特找到峽谷下面一個大圓石停靠一邊的腳架，
他停在半空中，讓乘客及他們的設備下機。

　　皮特是我熟識的朋友，他就是搜尋急救小組的皮特，
我們常在他搜尋失蹤的登山客時互通信息。對於他這嬉皮
朋友所引起的騷動，他覺得很有趣。

　　他們準備拍攝前，先給我一些指點，然後開始拍攝。
首先拍我揹著背包走在小徑上，然後他們要我生火煮些東
西。他們拍山洞內外、我的吊床、水池、椅子，甚至我拿
來當桌子或食物儲藏盒以防止害蟲入侵的塑膠盒都入鏡
了。

　　「除了炊事之外，你還做些什麼？」導演問。

　　「噢，有時我去探索，有時製造東西，有時讀書。」
我說，「有時在水池裡游泳。」

　　他的臉亮了起來，「能否為我們小游一下？」他問，

「這個特寫鏡頭可以當做很好的結尾。」

我低頭，遲疑了一下。最後說：「我沒有泳褲。」

「哦，那沒問題！」他向我保證，「我的攝影人員都是很專業的，他們可以從最適當的角度取鏡，沒有人會看得出來。」

我躊躇了一會兒。「好吧！」我說，「既然你們不介意，我也無所謂。」於是我脫去衣服，攝影師儘可能地往後退。我爬上離水池約二十呎高的圓石上，往下跳入水中，導演和攝影師都很滿意。我游了一、兩分鐘後，攝影機器徐徐地移動。我爬上水池，媽媽在一旁遞給我毛巾（沒什麼事可以令她驚訝）。我穿上衣服後，導演說他需要採訪我，問些問題。「儘管問吧！」我說。

「你的父親是個大富翁，你母親從事影藝事業，你可以開出自己的條件，想要什麼都沒問題。為什麼你偏要遠離這麼優渥的環境，住到這種地方來呢？」

我沉思片刻，說：「我想我是個懦夫，一心想逃離生活中所有的約束。我只想做我想要做的事。我身邊所有的人和事似乎都很虛假。這是個狗咬狗的社會。我不斷地闖

下各種禍事，但我知道我的態度的確有問題。在這裡我覺得很棒，有充足的陽光、新鮮的空氣，還可以在山間小徑上運動。」

「我在山洞裡發現了一本《聖經》，它教我有關耶穌基督的事。主耶穌改變了我的人生，我終於找到我一直在尋求的平安和喜樂。現在我已尋著了祂，我要告訴全世界，現在我是個自由人了，因為我的罪已被赦免。希望每個人都能像我一樣快樂，在我的山洞中和上帝在一起，天天活在天父所造的世界裡。」

當我結束小演說後，他們拍攝我吹長笛的畫面，然後把所有的機器設備收好，我們全都回到棕櫚泉。

「這個故事什麼時候會播出？」我問導演。

「今天，會播三次，下午五點、十點和十一點的新聞時間。」

「怎麼可能呢？」我懷疑地問，「現在幾乎要二點了。」

「噢，你等著瞧吧！」他眨了隻眼說道，「我們是專業人員，忘記了嗎？」但我還是抱著懷疑的態度。

「還有，最後一件事，」我說，「請千萬別說出這個地點，我可不想要我的山洞變成觀光景點。」

「我了解，我會把這個告訴我的主管。」他保證。

我們全都下了山，我決定留在市區，看看他們是否真的趕得上五點的新聞。當然，我的山洞裡沒有電視，但可以去哪裡看呢？我不可能隨便按人電鈴借看電視。我正走著，對街剛好有一間旅館，「對了！就是那裡。」我大聲說，「我可以問問櫃檯服務人員，借用他們大廳的電視。」

櫃檯小姐不太情願地答應了，我把電視打開，轉到新聞台。我興奮地根本坐不住，真希望能早點通知我的朋友看，不過現在已太遲了。正在這時候，我看到一個警察朋友喬依，他在旅館門口停車。我跑出去抓住他，「進來，喬依，我要請你看件東西！」

「看什麼？我正在執勤，沒時間。」他掙脫著要走開。

「只要幾分鐘就好了，」我保證，「五點新聞節目裡，會有一條本地罪犯的消息。」

「喔，是嗎？」他眉毛挑高，「哪個罪犯？」

「你等著看就知道了。」我說。

我們還得再等一會兒，喬依又準備離開時，電視螢幕上出現一架直昇機飛過，「在棕櫚泉幾哩外的塔奇茲峽谷，那裡有個真正的天堂樂園。」新聞播報員開始播報。

「哦，老天！」我咕噥著，「他們說出了我山洞的地點。」然而我當時無心憂愁，因為好高興看到自己出現在螢幕，走在小徑上、升火、煮東西。我瞄了喬伊一眼，他坐在椅子的邊緣，全神貫注地看著，我覺得自己像是個名人，但一方面很擔心裸體跳水那一幕。不過就如導演說的，那攝影師掌控得很好，我鬆了一口氣。喬依看到結尾我的小演說時，揚起他的眉毛看著我。

「你是基督徒嗎？道格。」

自從我開始讀《聖經》後，沒有人問過我這個問題，我也懷疑現在的我是否真的夠資格說：「我是！」

「我正在努力。」我說。

「我真替你高興！」喬依的眼睛閃耀著，「我有教主日學，要堅持下去喔，山洞人，你現在走這條路是正

確的。」

　　後來有一位朋友告訴我，當時他人在監獄裡，在三個不同時段看到我的報導。

　　當時的我並未看出這件事對我的生命從此會變得不一樣了。

　　幾天後，在往市區的路上，我在酷加（Cougar）小徑碰到一個登山客。「嗨！你往哪裡去？」我問。

　　「我要去找一位住在第三山谷的傢伙，他住在山洞裡──我在電視上看到的。」他很興奮地說。我努力裝出一副不知情的樣子。

　　「真的啊？」我問，「他是誰？他是怎樣的人？快告訴我。」

　　他開始告訴我所有與我有關的事，還加油添醋說了一些甚至連我自己都不知道的有趣情節，最後我實在無法再偽裝下去了。

　　「嗨！朋友，」我說，「關於那個住在山洞的傢伙，我有話跟你說。」

　　「什麼？」他起疑心地看著我。

「那個人就是我！我就是你在電視上看到的那傢
伙。」

「有意思，」他看著我傻笑，「你看起來根本不像
他，我到哪兒去都可認出他來！」我們繼續快樂地聊天，
我不確定他那時是否相信我。

自從電視播出後，訪客隨時會出現，有時單獨一人
來，有時是整團的人。我會提供香蕉麵包，並和他們分享
我新得到的喜樂。我不再需要煩惱沒有人可分享我的見
證。我的山洞已變成一個觀光景點。

我想上帝讓電視報導說出我的山洞地點，必定有祂的
理由。

13

尋找教會

在我心裡萌生一種想和其他信徒結識的渴望，我開始參加市區內的一些教堂聚會。我喜歡去一個叫做「約書亞之家」的地方，那裡比較像是個基督教大家庭。負責人荷馬接待參加聚會的人如同客人或鄰居一般。他主持禮拜並教導街友有關上帝的事，同時也舉辦讓附近住戶參與的活動。我們唱聖歌、禱告並分享見證。這些教友之中有一群漂亮的女生，更增加了我對這團體的好感，只是她們沒有人會想接近一個一副嬉皮樣、且剛入門的基督徒。雖然我喜歡那裡的團契，但它實在不像個教會。荷馬也參加五旬節教會，並鼓勵我們前往。

我和一些人真的去了那教會。他們當中有些人很有魅力，而且有些教友會說方言。我還去了「信仰中心」，也曾經和摩門教、耶和華見證人教會的信徒共同學習。我發現大部分的教會都在教導只有他們的教會才是正確的，其他的都不對。有一個牧師說：「除非你說方言，否則你就沒有受聖靈的洗。」

我回到山洞致力研究這個主題，得知「說方言」乃是「聖靈」賜給祂揀選之人的一種恩賜。祂賜給每個人不同

的恩賜，但是我卻找不到任何地方記載：一個人必須說方言才有聖靈。聖靈的果子不是方言，而是愛、喜樂、平安等。我也注意到《聖經》中提到五旬節聖靈澆灌時，使徒講的語言是當時參加聚會的猶太人所能了解的，他們並不是用沒人聽得懂的天上語言。

我對於基督教彼此之間的分歧，以及有時他們彼此對待的方式並不像基督徒，深覺灰心。我實在無法理解，《聖經》不是說：「一個指望，一主，一信，一洗」嗎？我相信在某處一定有個真正屬神的教會，可是哪一個才是呢？我繼續在山洞裡學習，並祈求上帝引導。

有一天晚上，我站在山洞前望著滿天繁星，黑色絲絨般的天空，閃爍著點點亮光，天國似乎就這麼真實和接近。「上帝是何等的美妙，讓滿天星星高掛著！」然後我想到各個不同的教會，每個都宣稱自己才是真正的教會。我跪下來禱告，「主啊，你已領我走了一段路，我知道未來還有漫漫長路等著，相信在某處必有一個教會是依循《聖經》的。我不計較是哪個教會，但求你顯示，我一定遵守。」我跪在地上好一會兒，內心充滿平安，我再次感

受到上帝已垂聽了我的禱告。

　　隔日葛倫來訪，雖然他稱自己不是基督徒，但他是我的朋友。見到他，忍不住將心中的挫折一吐為快。「我該怎麼辦？每個教會都各有說辭，他們都宣稱信仰《聖經》。我幾乎讀完整本《聖經》，但有時我不懂，我也不知道哪個教會才是對的？」葛倫那天很少說話，他似乎正經歷一些內在的衝突。

　　幾天後我正躺在吊床上閱讀，葛倫再度出現，他遞給我一本書。

　　「這是什麼？」我問，疑惑地看著書的封面插圖：有一雙手支撐著世界，它的書名寫著《善惡之爭》（The Great Controversy）。

　　「給你讀，」他簡單地說。

　　「這是什麼書？」我問。

　　「借你讀，」他再說一次，「這本書能幫你解答一些你的問題。」他總是沉默寡言。「好的，好的！」我說。

　　葛倫離開後，我仔細地查看這本書，整本有678頁，而我這輩子甚至還沒讀過超過它一半厚度的書呢！我至少得

讀幾頁才對得起葛倫，畢竟，我閉著也是閉著。

我跳過序言直接進入第一章，作者描繪了一幅在主耶穌腳下的耶路撒冷城，我馬上被故事吸引住了。雖然我的教育程度不夠、識字有限、讀起來有些困難，但我還是一頁接一頁地奮鬥下去。

「喔！」我想，「不管作者是誰，他寫得挺有根據的。」書內遍布大量的《聖經》參照，隨著文字的敘述，情節益加生動。

「到底是誰寫了這本書？」一、兩個小時後我想到這問題，翻回書的封面，作者的名字是懷愛倫（Ellen G. White）。

「除《聖經》外，這是我人生中讀過最有趣的一本書。」我想。躺著閱讀讓我有點昏昏欲睡，我闔上書本，不知不覺進入夢鄉。夢境和我剛剛讀過的情節交織在一起，醒來後發覺記憶深刻，欲再多讀一些，往後好多個下午，我都持續讀這本書。

當我再見到葛倫時，我問他：「這位懷愛倫到底是誰呢？」

「嗯，有些人相信她是受聖靈感召。」

「我也是這麼認為，」我說，「很明顯的，上帝是在透過她來說話，哪天我真想和她見面，向她請益。」

「你已經太遲了！」葛倫微微地笑著，「她死於一九一五年。」

「噢。」我很失望，但仍繼續閱讀。最後我對《聖經》的知識開始變得完整，我也較能體會其中一二。這本《善惡之爭》還有提到安息日、死亡、魔鬼和耶穌的爭戰，以及黑暗時期教會所受的磨難。

我經常躺在大楓樹下的吊床看書，腳靠在石頭上輕輕推著，吊床前後搖擺，這是最舒適的閱讀場所。這裡有茂密的樹蔭，有時峽谷溫度升高到攝氏五十度依舊有涼風徐徐吹來。我常讀一會兒書、跳入水池冷卻身體、小睡片刻，然後再讀久一點，我會沉思某些章節，已學過的內文也經常在夢中出現。這本書不但令我全神貫注，還擴展了我對上帝和《聖經》的認識。

好幾次以為自己一定沒法讀完這麼厚的一本書，但在每一次我幾乎要放棄時，總覺得有聲音在督促著我：「繼續讀，你辦得到的。」幾星期後，我讀到震撼我心靈的最

後一個章節。

「善惡的大鬥爭結束了。罪與罪人也不再有了。全宇宙都是潔淨的。在廣大宇宙之間，跳動著一個和諧的脈搏。從創造萬物的主那裡湧流著生命、光明和喜樂，充滿這浩大無垠的宇宙。從最小的原子到最大的世界，一切有生和無生之物，都在他們純潔的榮美和完全的喜樂上，宣揚上帝就是愛。」（678頁，即《善惡之爭》最後一頁）

「啊哈！」我站起來大叫著，一方面高興終於讀完了這麼厚的一本書，但大部分是為了上帝終於戰勝了撒但和罪惡。書裡有太豐富的內容，我只能略記一二。

我走上峽谷將書還給葛倫，「你還有其他這類型的書嗎？」我問。

「當然，我還有很多。」他說。他自小在基督教家庭長大，他的父母不斷地寄來基督教書籍，希望能重燃他的興趣。接下來的幾個月，我又陸續讀了《歷代願望》（The Desire of Ages）、《喜樂的泉源》（Steps to Christ）、《先祖與先知》（Patriarchs and Prophets），和《但以理書與啟示錄》（Daniel and Revelation）等書，享受著《聖經》和這些屬靈書籍的盛宴。

　　然而，有件事還是一直困擾著我，那便是第七日是安息日的事。在讀了《聖經》和這些書後，對星期六是安息日我幾乎已不存疑，可是我不想去接受它，因為覺得自己已夠怪異了。我不想在別人都守星期日時卻獨自守星期六，使自己更與眾不同。除此之外，那裡也沒有在星期六作禮拜的教堂。我決定為此找尋可行的方式。當然，我星期日上教堂的朋友，對他們的信仰都有很好的理由。我決定去問十個牧師，結果得了十一個答案：

　　有一個牧師說：「誡命已經廢除了，我們不需再守安息日。」

　　「哦，」我說，「你的意思是我們不需守十誡嗎？」

　　「不是的，我們守其他九條。」他承認。

　　「所以你的意思是，我們應該選擇遺忘的那條律法，是上帝吩咐要我們『記念』的嗎？這根本不合理啊！」

　　另一個牧師說：「我們星期日上教堂，是因為主耶穌復活，所以那是新的安息日。」

　　「聽來有理，但我想知道在《聖經》何處有記載，要我們守每星期的第一天為新誡命，」我回答，「如果你能

指出來，我將很樂意加入你們的教會。」

「這個嘛，啊，我們，我這麼說好了。」他侷促不安，「我們並不是真正遵守誡命，我們是遵照傳統。」

可是我不要傳統，主耶穌說：「你們誠然是廢棄上帝的誡命，要守自己的遺傳。」（馬可福音7：9）對這種大改變，我需要《聖經》權威的解釋。

下一個牧師是他們當中最具有創意的，他這麼解釋：「在約書亞時代，太陽靜止不動，而在希西家時代，當上帝將日影後退十度時，我們失去了一天，所以星期六變成了星期日。」

「哦，我知道了，你的意思是耶穌的時代，他們並不是守第七天，而是守第一天。」我問。

牧師一臉茫然，「我不確定。」他承認。

我重新再讀創造的故事，剎那間發現了一些從沒注意的事，足以讓我為這爭議做定論。上帝賜福第七日是在這個世界充滿罪惡之前。這表示安息日是完美的，就像上帝創造的世界是完美的一樣。上帝怎會把完美的事給改變了呢？

再者，上帝將十誡寫在石版上，而你總不會把計畫要廢除或改變的東西，寫在石版上吧！我心意已決：一個基督徒所當跟隨的，並不是其他的基督徒，而是耶穌基督。主耶穌在每週第七天作禮拜，從沒提過第一天，所以我決定只跟隨主耶穌。

但我還有事掛念著，我要到哪裡找尋教導全部十誡的人呢？

我看著葛倫的眼睛，問他：「請告訴我，這附近有沒有哪一所教會相信這些？」

「有啊！到處都有。」他回答。

「真的嗎？教會的名稱是什麼？」

「基督復臨安息日會（The Seventh-day Adventist Church）」

「安息日什麼？我從沒聽過，第七天是安息日（Seventh-day）的部分我可以理解，但基督復臨（Adventist）是什麼意思？」我疑惑地問。

「復臨（Advent）是指有些事情的來臨或到達，復臨信徒（Adventists）就是一群相信並期待耶穌再度來臨的人。」

我想到我自己：「我一定是復臨信徒，我相信耶穌會

再度來臨。」我大聲地問他：「為什麼你知道這麼多？」

葛倫似乎有點不好意思：「《聖經》和這些書一直伴我成長，而且我從一出生就開始上教堂。」

「你的意思是你對宗教瞭若指掌，但你卻不願意去相信？」我驚訝地問，「真是不可思議！」我想到我們還一起抽大麻、喝酒。我不懂一個人怎能如此認識神，認識祂偉大的愛和祂為人類的犧牲，可是卻似乎故意去忽視祂。

「我們這星期六去教堂吧！」我熱切地提議，我必須去認識這些美妙的教友們。

「我不知道耶，道格，我不認為自己已準備好了，你自己去吧！回來再告訴我你的感想。」

葛倫似乎不願分享我的熱心，因為他已預知我會經歷些什麼。在我想像裡，它是個精巧的白色教堂，有個十字架在尖塔上。當然教友們各個都是如此虔誠的聖徒，他們的腳幾乎沒踏在地板上，每個人都面露微笑，帶著《聖經》，還歌唱著。

安息日那天我起了個大早，穿上髒外套、登山鞋，

沒穿襪子。我把長髮梳好,雖然髮長及肩,可是當天我沒有綁上馬尾。也沒有刮鬍子,只把下巴一些雜亂的鬍鬚整平。我把《聖經》拿在手上,滿心期待地出發。

循著葛倫給我的住址,我找到那條街,大步走向前,可是我見到的不是鄉村小教堂,而是一棟位於繁榮地段的高級豪華現代大廈。停車場裡停滿了超高級房車。我急步跨進教堂,腳上踩著的是厚絨布的紅毯。所有的男士穿著筆挺的高級西服,女士們穿戴著昂貴的服飾和時髦的髮型。我沒有概念基督徒該如何穿著,突然覺得自己與這個地方格格不入。好多雙眼睛朝著我望,相信他們一定認為我走錯了地方。在門口有個人握著我的手說:「歡迎你來!」但似乎讓我覺得他在演戲。我這輩子跟演藝圈淵源太深,很輕易就能看得出一個人是不是在演戲。不論如何,我走進教堂,被引導到後排的座位上。

精采的節目進行著,我喜歡聖工消息。接著到了安息日學的學課研究時間,我跟著其他人走過長廊到另一個房間。房內椅子排成一個大圓圈。雖然有些人真誠地對我微笑,可是沒有人和我交談,每個人,包括我在內,都找到

椅子坐下來。雖然房間裡已坐滿了人，我兩旁的椅子卻是空著的。

講員先說幾句歡迎詞後，打開他的《聖經》和學課：「今天的主題是『〈但以理書〉第九章的490日預言』。」他開始說。

「太棒了！」我想。我已讀過由烏利亞‧史密斯所著的《但以理書和啟示錄》（Daniel and the Revelation）那本書。講員先敘述一些摘要後，他問：「四百九十天預言是從什麼時候開始計算的？」

我突然覺得我真是來對地方了，我聽得懂那講員所說的每句話！好想大叫出答案，但想到我初次造訪就搶著發言，可能不適當。隱忍著幾乎要爆發的衝動，我望著圓圈中卓越超群的人們。講員等著答案，但沒人說話。他們只是看著地板、門或牆壁，沒人回答。我無法再忍受下去，於是我舉起我的手。

「請說！」講員揚起眉毛。

「西元前四五七年，」我回答。緊張得口乾，我已很久沒和一大群人共處。

「沒錯！」講員有點驚訝地回答，「然後所定的結局是何時？」幾分鐘後他問。

這時每個人皆望向這位嬉皮，很明顯的他們都在等我的答案，我大聲說出：「西元後三十四年」。

「又答對了！」這次講員似乎不再驚奇，可是我無法了解為何沒人知道答案。這不是他們的教會，他們的信仰嗎？也許他們只是禮貌、矜持，或者都跟我一樣，只是個訪客？

第一次的安息日我覺得有點失望，大半是因為缺乏溫暖和友誼。其他的教堂對我都相當友善，甚至搶著要博得我的好感和認同。我忍不住猜想，如果復臨教會的人知道我父親是億萬富翁的話，他們的態度還會一樣嗎？也許是我自己的期待太高了。

後來我又去了幾次，但似乎總無法融入他們，最後我決定星期六在山洞謹守安息日，而在星期日上教堂參加基督徒團契。

我不斷地和來洞穴訪問我的人（有時甚至一大群人來）分享見證我的新信仰。雖然葛倫不信教，但他卻對我的見證

印象深刻。「我不知是否該告訴你，道格，」有一天，他說，「當你在作見證時，總是顯得那麼神采飛揚。」

　　我的信心與日俱進，我愈使用它，它就愈堅定。我經常和一個朋友（他的名字也叫道格）聊天。他彈吉他，我吹長笛，我們經常一起在街上表演（討錢）。我這個新基督徒興奮得幾乎無法片刻不談基督。有一天我們在市區吹彈音樂，但是沒有人駐足停留，也無人賞我們紙鈔或銅板，所以我們休息、開始聊天，很快地我們又談到宗教。

　　「嗯，我相信上帝，可是我不相信耶穌。」道格說。

　　「我能證明有耶穌的存在。」我很有信心的說。

　　「你要如何證明呢？」他懷疑。

　　「我們現在需要多少錢？」我問。

　　「這個嘛，如果能有幾塊錢買個外帶食物就太好了。」他說。

　　「好，」我說，「我現在禱告，懇求主耶穌，我們會有幾塊錢。」所以我低下頭說：「主啊！請幫助我們討到四塊錢，這樣我們可以有一頓飯，同時也可幫助道格認識你是真實的，奉主耶穌的名求，阿們。」

　　我們又開始表演，沒多久就有一位女士路過，停了下來聆聽。我們表演完後，我問她是否有剩餘的零錢。

　　「這……」她安靜想了一會兒，「我平常是不做這種事的，不過今天是我兒子的生日，他跟你們的年紀差不多。」她伸手入皮包拿出了一些錢。「四塊錢夠嗎？」她問。我答覆她：「這樣就夠了！」當她離開時心裡一定覺得很納悶，為何我朋友會為了四塊錢而張口結舌，驚訝不已。

　　不久，我的朋友道格也接受了耶穌基督為他的救主。

14
起初你若失敗

第一次與凱倫見面時，我們都只有十五歲。她和一群女生正從派對離開，她們聚在街角笑鬧、大聲喧譁，舉止有點愚蠢。我那時想：「真是一群笨女生，可愛，但是傻傻的。」

她對我這類型的人也沒興趣，她喜歡和有車子、年紀較大的男孩約會。

自從第一次見面後，我偶爾會在市區附近看到她，也記得她這個人，只是那時，我生命中有太多其他的事。一直到兩年後我開始讀《聖經》，我們的人生路途才再度有交集。有一天我和朋友瑞可到一家撞球店打發時間，我看到凱倫和一個女孩在店裡對面的檯子，結果那女孩居然是瑞可的女朋友，他們介紹凱倫和我認識，然後兩人就到吧台，留下凱倫和我。我們沒預期彼此會在這種情況下見面，場面很尷尬。

「妳想再打一會兒撞球嗎？」我問。

「我不想打了。」她說。

「好吧，那我們到別的地方吧！」我建議。我將門打開，我們走到外面，只是聊天、漫步。當我們走到一家賣

酒商店時，我一時失去理智，進去買了一瓶酒。「我們到公園去，找個清涼的地方坐下來，」我說，「我買了點提神飲料。」

「謝謝你，道格，可是我現在不喝酒了。」她回答。

「妳說妳不喝，是什麼意思呢？」我不相信，「這裡每個人都喝呀！」但她堅守立場。

「我猜你也讀《聖經》囉？」我半戲謔地問。

她停下腳步，驚訝地看著我。「事實上我是在讀《聖經》，你怎麼知道？」

「我不知道，我只是突然聯想到而已。真有意思！」我繼續說，「我也在讀《聖經》。」我們倆在沙漠涼爽的夜中漫步了好久，一路暢談著《聖經》和宗教。我們聊得愈多，就愈有話題。

從那次之後我們經常見面，幾星期後，我們結婚了。我們搬到市區住，但我們不喜歡城市的生活，所以有一天我們把所有的家當揹在背上，開始搭便車往北到加州海岸。我們沒有目的地，一路悠閒，有時會睡倒在高速公路旁的斜坡草地上，直到隔日清晨五點鐘，自動灑水器把我

們吵醒。有一次我們在接近加州大索爾（Big Sur）海岸下了公路，在樹林裡睡覺。當我們醒來時，一個公園看守員站在一旁，「我不介意你們在此露營，」他說，「可是你們或許該知道你們躺在毒橡樹林裡。」接下來的那個星期，我們的身體非常不舒服。

在加州尤奇亞（Ukiah）有一對年輕夫妻停下來載我們一程。「你們要去哪裡？」駕駛問。

「我們也不確定，」我說，「我們禱告上帝會告訴我們。你們要去哪裡？」

那駕駛有點訝異說：「我們住的地方你們不會有興趣的。我們要前往國家森林區裡一個叫科維羅（Covelo）的偏遠小鎮。」

「喔，那裡有山洞嗎？」

「這個嘛，也許有吧！」那位年輕人說。

「那裡有教堂嗎？」凱倫問。

「那裡就只有教堂，市區裡連一家電影院都沒有。」那位太太回答。

凱倫和我聽了覺得印象很不錯，而我們也真的很快就

愛上那被松樹林覆蓋的美麗高山。我們住在國家森林區裡的山洞一陣子，同時也找尋一塊土地。不久我們找到一塊真正想要的地方，唯一的問題是缺錢。我能找到的工作是季節性的，夏末我們被迫回到棕櫚泉，我得想辦法維持家庭生計，因為我們要當父母了。

有一陣子我嘗試各種零工，但是沒有碰到一個真正的好機會。後來我找到販賣及運送肉品的工作。但很快地我發覺自己是三方利益團體中的一方，為什麼我不排除中盤商，來增加自己的利潤呢？

父親幫我買了一輛很不錯的二手福斯汽車，這是我所擁有的第一部車。當時我對車了的保養一點概念都沒有，還以為汽油要放進散熱器呢！還好福斯車沒有散熱器。我學得很快！

我在車門寫上「道格‧巴契勒頂級牛排批發」。印了名片和做些聯繫後，我在小福斯車後面放了一個冷凍櫃。買了一大塊牛肉，朋友教我把它切成一塊塊的牛排。不久我的牛排批發生意竟然大發利市，生意從一開始就很成功。

在短暫的販售牛肉期間，我學到一些有趣的事。有一

天，一位顧客要求我幫他找頂級的豬肉，我知道牛肉的分級是：極佳、特選、上選和標準等四級，也看過雞肉的分級，但有關豬肉，我得去查清楚。

我去找一位屠夫朋友，當他聽完我的問題，笑著說：「農業部門不認為豬肉適合拿來餵你的狗。他們不會為豬肉分級的，那東西聚集了一堆病菌。他們甚至印了小冊子，提醒顧客要完全煮熟，才能殺死所有旋毛蟲的幼蟲。」

「噁！」那真使我嫌惡。後來我記得《聖經》裡也讀到一些有關豬肉的事。有些牧師告訴我，那些律法早已廢除，但我覺得那並不合理，現在人類的身體，不是和當時的以色列民一樣，得處理吃進去的食物嗎？而豬肉不也是照樣容易受到細菌和寄生蟲的感染嗎？

我從親身的體驗中也學到一些東西。因為我販售頂級牛排，便決定多多食用自家的產品。不久，我變成早餐吃紐約牛排，午餐吃丁骨牛排，晚餐吃菲力牛排，然後發覺自己經常疲累不堪，沒有體力，我的行為也開始產生變化。夜晚坐著看電視，獨自一人可把一夸脫的冰淇淋吃光光──沒錯，一夸脫（946c.c.）！當時覺得自己的屬靈生命

已麻木,愈來愈無法抵抗誘惑。我在山洞時的飲食:米、豆、麵包和水果,曾給我抵抗力和活力。平生第一次了解到飲食對我身體、心靈和幸福感的衝擊。我在肉品生意上大有盈利,但不知為何凱倫和我就是無法存錢,我們賺得愈多,花得也愈兇。

「我們再試試科維羅吧!」有一天我說,「我想這一次我們會成功的。」我們將福斯小客車換成一輛破舊的福特小貨車。小心呵護著跑了七百哩後,抵達了科維羅,很快地我們就找到一塊買得起也應付得來的一百六十畝未開發土地。我們一邊住在帳棚裡,一邊利用廢棄的木材,在自己的土地上蓋一間小屋。它不是什麼豪宅,但卻是真正屬於我們的家,我們愛它!我開始經營木材生意。

我們開始參加長老會的聚會,但我無法忘懷安息日和其他相關的事。在長老會對街就有一間基督復臨安息日會教堂。我忖度著這邊的會眾是否較友善。我認識一個傢伙名叫杜安,他喜歡宗教和教堂,所以有個星期六,他和我決定去探訪這間復臨教堂。凱倫選擇留在家裡照顧我們的小女嬰瑞秋。

那天早晨我心裡夾雜著想去又害怕的矛盾情緒，「如果他們不友善呢？如果他們不喜歡我的長相？算了，沒關係，今天是安息日，我同他們一樣有權利去教會！」我猜當天穿衣服時，心情有點憤憤不平，因為我故意翻箱倒櫃找出舊外套，換上一件像是乞討時得來的襯衫，又把頭髮隨便綁個馬尾。

我騎上摩托車呼嘯去接杜安。在那個年代穿著補釘的牛仔褲被認為是很「酷」的，而他也真的很酷。他把牛仔褲的一個後口袋扯掉，露出沒穿內褲的皮膚。我為他覺得難堪，可是沒明講出來。

有一個人微笑著站在門口，拉著我們的手牢牢握住。他熱情地歡迎我們，並邀請我們進入教堂，裡面也有一位和藹可親的小個子老太太和我們握手，要我們在來賓簿上簽名。我們走進教堂坐下來，教友也陸續地進入。那天我看到很多灰髮和禿頭的人，一對夫妻進來走到我們前排的位子，在他們坐到位子之前，都先轉過頭來介紹自己，並和我們握手。

那一天老牧師的證道似乎是從心裡自然抒發出來的。

他親切、真誠的態度深深打動了我。我啜飲著充滿生命氣息的話語，就像一個在沙漠中極度乾渴的旅人。崇拜聚會後教友群集在我們身邊，邀請我們去作客，似乎沒有人注意到我們的穿著，那時我為自己感到有點羞愧。杜安和我對所有的邀約和關注深感困惑，不知如何是好，最後老牧師喬·菲利普斯和他太太拔得頭籌，我們一起到他家去。我很確信這些善良的教友永遠想不到，這位嬉皮日後會當他們的牧師！

我們坐下來享用簡單卻有益健康的食物——蔬菜糕、馬鈴薯、兩三種蔬菜、家常全麥麵包、沙拉和蘋果派！「請自行享用。」喬牧師邀請我們，「我太太是城裡最好的廚師，如果你們不捧場，她會很傷心。」杜安和我那天並沒傷到牧師太太的心，我們把桌上的食物一掃而空，男女主人都非常高興。

午餐後喬牧師說：「我們到起居室研讀《聖經》，如何？」我喜歡這個提議，於是很快翻開《聖經》和菲利普斯夫婦一起討論，而杜安則在椅子上睡著了。

下一個安息日，凱倫和我一起去教堂，往後我們每個星期都去。做完禮拜，喬牧師與他太太邀請我們到他家

裡吃午餐，然後研讀《聖經》。常常牧師剛進入主題，我就知道那是我已自學過的東西。當我們研讀《但以理書與啟示錄》時，我熟悉其中所有關於獸的蹄、角和它們的日期。有一天喬牧師說：「道格，你幾乎可以受洗了。」

「牧師，我不懂你的意思，幾乎？我現在已準備好了。」我說，「我相信這個教會所教導的每一件事。」

他遲疑一下。「你還抽菸嗎？道格，你預備好戒菸了嗎？」

這下換我遲疑了。「哦，這個，我不確定，但我看不出來這和我愛上帝有何關係？我已放棄所有真正的壞習慣，像吸大麻、喝酒、吸毒、偷竊和說謊等，但抽菸還不算太壞吧。你知道嗎？我一天才抽半包而已。不管如何，我知道主愛我，並且應允我的禱告。」

「那是沒錯，道格，祂真的愛你。」喬牧師耐心地說，「祂在教導你，一步一步引導你，但只要你還有菸癮，你就被魔鬼所束縛，你能想像當主耶穌在宣揚天父的愛時，對著會眾吞雲吐霧的樣子嗎？」

我了解耶穌是我們的榜樣，想到祂可能抽菸的怪樣

子，我不禁笑了。

「你看！」牧師繼續說，「當你受洗時，那便是宣告你已經重生了，而主不會要祂的孩子抽菸的，你說呢？道格。」

「依你這麼說，我當然不會。」我承認。

我開始回憶起戒酒時的掙扎，我和主爭論：「可是主啊，我喜歡喝酒，它讓我很快樂。」

而主說：「道格，去喝啊！」我並不是說主贊同我喝酒，祂只是表示不會強迫我去戒酒。漸漸地我發現飲酒讓我心臟出問題，我可能會在監獄裡醒來或者整天酒醉、嘔吐，也可能醒來時才發現自己很失態，讓關心我的人難堪。有一次我還發現自己撞爛了一輛車，而那輛車的主人是誰我還不知道呢！我聽到主說：「道格，你這樣快樂嗎？」最後我了解，神只是要基督徒放棄對他們有害的事物，不管是生理的或是心理的。當我終於理出頭緒時，我戒了酒。可是當下我立刻知道，要戒菸可能比戒酒更難。

凱倫倒是很輕易地就改掉了壞習慣，醫師曾告訴她，我們的嬰兒早產是因為她抽菸的緣故。「抽菸不只傷害

你，也傷害你的嬰兒。」醫師說。

有一天當她進到房間，看到自己放在菸灰缸邊緣的一截香菸，其菸霧正飄過小瑞秋睡覺的地方。「我到底在作什麼？」凱倫大叫，「我傷害自己的肺已經夠糟了，怎麼可以如此傷害女兒呢？」那一天我一進門，她說：「道格，我要試試戒菸能撐多久。」就這樣，她從此不再抽菸。

凱倫比我更早受浸歸主。

對有些人而言，戒菸可能輕而易舉，但是有些人在戒菸前，他體內的香菸惡靈會不斷地狂踢、吶喊。我不斷和自己搏鬥，試著鼓起勇氣去突破。有一天我說：「明天我會戒掉」，然後把香菸全丟了，試著忘記它。但隔日菸癮難耐，我的手開始發抖，我趕快跑到商店又買了一些菸。「這根本是浪費錢！」我告訴自己。在接下來的幾小時內，我連抽了半包菸，可是我的良心同時也在譴責我。「好啦！好啦！我再試試。」

這種爭戰折磨了我好幾個月。

我喜歡復臨教會，因為它堅守著一些基本信條。我很清楚我可以加入其他的教會而不用戒菸戒酒。但如果我要

加入復臨教會，就得背起我的十字架，跟隨祂。喬牧師喜歡說的一句話，後來也變成我喜歡說的一句話：「如果你不堅持立場，你就容易跌倒。」我非常渴望能加入復臨教會，可是時候未到。

幾個星期後，有一天我開著我的老爺貨車，但不久在路上就聽到帕帕的爆裂聲，接著是嘶嘶聲，然後是拍擊聲。「哦，老天，別又來了。」我嘆口氣，那已是當天第二次輪胎漏氣，貨車在我眼前哀嚎著。最後二十四小時內，頭燈掉下，尾部車門掉落，接著引擎開始冒煙。

當我用起重機抬起輪子，換掉破輪胎時，我想到全新的日產（Datsun，當時被稱為達特桑）四輪傳動貨卡車的廣告。我多麼想要一輛啊！我開始做起白日夢來。如果我有錢的話，就要為我擴增的家庭成員，買一輛有五段變速的高級貨卡車，前有電動絞盤、後有平台可以載木頭。

我把最後一個螺絲帽拴緊，將金屬碟再裝回去，然後發動引擎，但我的心思仍在新日產貨車上，最後脫口而出：「主啊，如果你給我一輛那樣的貨車，我就願意戒掉香菸！」

　　雖然我多次聽過上帝對我的良心說話，但是我從未對外聲稱我聽過上帝的聲音。可是突然間我聽到：「你願意為了一輛貨車戒菸，卻不願意為了我而放棄香菸嗎？」這聲音迴蕩在我的小舊貨車裡。

　　我非常驚嚇，有數分鐘之久我坐著聆聽另一個聲音，然後我想：「主耶穌為我死在十字架上，而祂只要求我放棄那些會傷害我的東西，我卻不願意為祂而戒菸。」我為了有輛貨車才肯戒菸。「哦，主耶穌，求你原諒我！」我哭著，「我不是故意的，靠著你的幫助，我絕對不再抽菸。」

　　當我回到家時，我把所有的香菸全丟到外面的廁所裡，因為我不可能從那裡再撿回來。感謝主，我沒再抽過一根菸，兩個星期後我就受洗了。

　　在公路上足足開車十年後，神給了我一輛有電動絞盤和五段變速的日產貨卡車，我甚至不敢禱告能有電動車窗和導航定速控制等配備！然而我不解，於是問：「主啊，為什麼你要我等上十年呢？」那個時候祂告訴我，因為我沒抽菸，這十年來省下的錢已足夠買下它。

15

主啊！我不可能成為傳道人

15
、
主
啊
！
我
不
可
能
成
為
傳
道
人

180

自從在山洞裡接受主耶穌後，我喜歡向人傳揚上帝的愛。我的話題幾乎離不開宗教信仰和上帝在我身上所成就的事。我向車庫裡碰到的人、嬉皮、街友、搭便車的人、我們的鄰居，幾乎是向所有的人宣傳福音。

在我受洗後不久，教會的牧師宣布佈道會將在兩週後開始，我想到那些我曾交談過的人，覺得他們大部分人都渴望著平安與喜樂，於是決定邀請他們來參加佈道大會。

佈道會開始的那個晚上，我們的小教堂裡擠滿了人，我站在門旁等候我邀請來的朋友。我在山裡的很多鄰居參加了第一晚的佈道會，並且持續每晚都來。當我們第一次施洗時，十二個受洗的人之中，有十位曾經和我一起學習，也是我邀請來的朋友。「服事主是多麼快樂！」我想。「這就是喜樂，而且這種歡樂過了之後，不會留下孤單落寞。」

有一天喬牧師建議我說：「你何不為我們講道呢？道格，上帝對你的愛和你的熱忱，深深打動了人們的心，你必須在講壇上和大家分享。」

剎那間我覺得怯懦，我？講道？「哦，不可以，牧

師，你找錯人了，我不可能上台證道的！我沒有教育背景、而且我也不知道該講些什麼。不，謝謝你，牧師，我根本做不到。」

「你不需要有大學學歷才能做得到，」他堅持，「只要站起來，告訴聽眾上帝在你身上所成就的事，那就是你所要做的。」

「嗯，我不認為我可以做得到。」我堅決地說。

當時牧師就此打住了他的提議，可是他已經把那念頭深植在我心裡，加上聖靈的澆灌，當他再度提及此事時，我內心的阻力就少了些，最後我同意嘗試看看。

如果能活到一百歲，我還是不會忘記第一次的「講道」！我那時甚至連一套西裝都沒有，也忘了打領帶，但不是我的穿著困擾著我。我緊張地坐在講台上，等待講道的那一刻。我雙手冒汗，可以感覺心跳就在喉嚨裡。最後等到我站起來開始講時，我將《聖經》擺在前面，抓著講壇的邊緣。我慶幸有東西擋在前面，會眾才不會看到我顫抖的雙膝。當我開口時，聲音竟不像是從我口中發出的。因為口乾舌燥，我不停地吞口水、抿嘴唇。然而那些可愛

的教友啊！感謝他們的善心，他們全神貫注地聽我說話。菲利普斯牧師和太太坐在前排，每當我講到重點時，他們就會點頭並說「阿們」。教友們對我微弱言語的熱烈反應，鼓舞我繼續說下去，在不知不覺中我講道結束了。當我在門口和大家握手說再見時，很多人眼裡泛著淚光，稱讚我的講道對他們是何等的福氣！

「我？福氣？」我不敢相信。我發現一些讚許我講道的信徒們還帶著助聽器呢！我猜想那天上午他們的助聽器一定是壞了吧！

自從那次以後，我愈來愈常上台講道，而每一次上台似乎也變得更容易了。

「道格，你真該去讀大學，接受傳道訓練。」菲利普斯牧師力勸我說，「主給你這項工作的特殊恩賜，而且我知道你是多麼熱愛分享福音。祂的事工需要你。」

我仔細端詳這位慈祥老先生的臉，心裡想著：「如果有朝一日，我能成為一個傳道人，我希望自己就像你一樣。」他是如此的激勵我！我告訴他說：「當然，喬牧師，我會為此禱告。」

最後我真的到學校修了一些課程。我親愛的年邁父親！他總是希望我得到學位，即使是宗教的學位也好，所以他非常高興幫忙我。我在德州肯恩（Keene）的西南復臨學院（Southwestern Adventist College）就讀了六個月，那是我生平經歷最美好的事情之一。青少年時期我犯下了那麼多愚蠢的過錯，一直以為自己不夠聰穎，但在西南大學，我的成績全是優等，從此我知道只要我肯學，我是可以做得到的。

我曾從圖書館借出一本《富蘭克林自傳》（The Autobiography of Benjamin Franklin）。當我閱讀時，卻很訝異地發現這個人也是中輟生、逃家者，可是他靠著自學，學會說寫七種語言！他發明雙焦點遠近兩用的眼鏡、富蘭克林爐，創辦了郵政系統、公共圖書館和消防部門。他對電力有新的發現，他開辦報紙和雜誌；同時也是美國第一任駐法國的大使。而且他還是個素食者！

我想：「如果他能自學，那我也能。耶穌曾應許我們，藉著祂，我們凡事都能做。」自從成為基督徒之後，我已學會很多我不曾夢想能做得到的事，包括吹奏長笛、吉他、口琴、鋼琴和小喇叭。我學會說一些西班牙語，駕

駛飛機、風浪板，而此時我正在學歌唱——雖然我的朋友們哀求我放棄它！

　　大學課程結束後，我在德州和牧師馬文‧摩爾（Marvin Moore）一起工作，他是個高大親切的人，長相酷似亞伯拉罕‧林肯。我們一起辦了一些以〈啟示錄〉為主題的講座，我們倆是很好的拍檔組合。主真是賜福我們的工作，很多人受浸歸主。不久之後，我加入了著名的福音歌唱團體，叫做「選民歌手」（Heritage Singers），當他們靈修信息的主要講員。我仍然致力於練唱！

　　上帝清楚祂的工作，因為我每晚得在「選民歌手」的表演中場時間去面對觀眾，告訴他們上帝在我身上所作的工，並邀請他們跟隨主耶穌。我最後僅存的一絲對於登台的恐懼，就此消失無蹤。連續十八個月，每星期五天的講道，大大彌補了我在正規教育裡所錯失的部分。

16
在印地安地區的見證

有一天我在「選民歌手」的辦公室時，電話忽然響起。「我是黎羅伊・摩爾（Leroy Moore），」話筒中傳來的聲音說，「我負責管理北美基督復臨安息日會原住民的事務，我已耳聞你在傳福音上的成就，你是否能來拉維達（La Vida）區會，為納瓦霍人工作？」

我想起那年在新墨西哥州，住在伯父家和印地安人相處的時光，我當時真的很喜歡這些人，即使其中有些事我一直很想遺忘。

「我很抱歉，摩爾先生。」我說，「我們的東西已全部裝上了拖車，很快就要前往加州，我現在和『選民歌手』一起工作。」

「我懂了。」他躊躇了一會兒，「既然這樣，你總會經過新墨西哥州，何不順道到拉維達區會看看我們，至少我們可以幫你安排住宿的地方。」

「謝謝你，摩爾先生。」我說，「我們會順道拜訪你，而我也會為此事禱告。我們再連絡。」

其實在我心裡已經決定不會前往那兒工作，但上帝有其他的計畫。在我們即將要進入區會前，拖車發生奇怪

的晃動，發出不尋常的噪音。「還好我們就快抵達目的地了。」我告訴凱倫，「後面拖車有點問題。」

　　幾分鐘後我們抵達區會，當我們把拖車駛進庭院時，它的輪子掉了下來。在這趟二千哩的旅程中，車子有可能在其他地點故障，可是它卻偏偏選在區會的庭院裡！

　　「你需要一組新的車輪軸承。」那裡有個人告訴我。他已把輪子卸下，露出毀損的部分。

　　「需要多久的時間？」我問。

　　「我想可能要一陣子。」那個人回答。「這些小修車廠沒有太多零件，他們可能需要從歐別克（Albuquerque）訂貨，我看至少需要兩天時間。」

　　我嘆了口氣。「好吧！正好給我們時間到處看看。」當凱倫和我發覺納瓦霍朋友們的需要時，我們知道這裡是上帝要我們做工的地方。

　　「我們會留下來！」過一會兒後，我告訴黎羅伊。

　　區會在新墨西哥州沃特福洛（Waterflow）買了一棟舊房舍，那將會是我們的家。他們希望我們在那裡建立一間教會，然而房子的原屋主還沒搬走，也還沒將東西打包或整

理完。他們留下舊家具、不要的雜物和垃圾，甚至連早餐的髒碗盤都留在桌上。我們清理、粉刷，花了將近一個月的時間，但整體來說屋況還不算太糟，最起碼裡面的房間很寬敞。

在我們住處附近有一輛屬於拉維達區會的露營車，出租給一個印地安家庭。庭院裡凌亂的啤酒罐，周圍堅硬乾燥的土地上，見不著一棵樹。頂端平坦的高地，好似這荒原土地的守衛般靜默矗立著。

我們先從小地方開始著手。我們把一個販賣漢堡的老舊場地改為聚會地點，在帳棚裡舉行〈啟示錄〉講座。神賜福我們所做的工，工作不斷成長。很快地就有超過一百人擠在那小建築物裡。

區會離我伯父的商店只有七十哩遠，我常想起他、他的家庭和其他的朋友。有一天我在庭院工作時，一輛破舊得幾乎快要解體的卡車顛簸地開過來。車門凹凸不平，其中一個還用繩子綁著，擋風玻璃也有裂痕，而輪胎幾乎已磨平了。一個印地安人打開車門，緩慢而蹣跚地跨了出來。他有長而直的頭髮，發亮且滿是疤痕的臉龐，空洞的

眼神和一個大啤酒肚。他跛行走向前，警覺地四處張望，我推測他應是五十幾歲的人。

「你認識一個叫道格・巴契勒的傢伙嗎？」他問。

聽到自己的名字好驚訝，我專注地看著這個人，但對於他是誰則一點頭緒也沒有，「哦，是的！我是道格・巴契勒。」我回答，但仍然是一頭霧水。

他遲疑了一會兒，專注地看著我，然後他的臉亮了起來，「道格，道格！」他哭著。「記得我嗎？我是肯恩！」他踉蹌地走過來，給了我一個大熊式的擁抱。我抱著他，仍然不確定肯恩是誰。

「肯恩？」我問道。

「對啊！肯恩・普拉特羅，記得嗎？你住在你伯父家時我們常一起騎摩托車。」

剎那間我豁然明白，原來他就是我以前飲酒的夥伴，那個我遊說他代替我去買酒時，曾告訴我「喝酒會惹麻煩的人」。

「原來是你啊！我認不出你來了！」我說，「好久不見——大概有十年了。」

「差不多吧！我聽你伯父說你在這裡，他告訴我，你現在是基督徒，是真的嗎？」

「沒錯，肯恩，我是基督復臨安息日會的信徒。」

「我好高興。」他好似從靈魂深處說出這句話，「我需要神在我生命裡。我一無所有，只有痛苦！」他額頭上的皺紋深陷，當他嘆氣時，我看得出他有極深的憂愁。

「什麼樣的痛苦？」我問。

「我太太離開我了，我還犯了法，我的人生真是一團糟。」他似乎很悲傷。「我需要主。」

「我了解你的感受，」我說，「我是極大的罪人，讓我們來禱告。」肯恩和我跪在庭院中，我為他和他的家人禱告。我們站起來時，淚水不斷從他的臉龐落下，他雙手握住我的手說：「我要到你的教堂，我要你繼續為我和我的家人禱告。」

「肯恩，我期待著你來，而且會永遠為你禱告。」我向他保證。

「你一直都是我最好的朋友。」當他回到卡車時說。

他開車走後，我心裡想著：「不，肯恩，我是傷害你

最深的敵人，是我讓你走上歧途。哦，神啊！我犯了多大的錯？」我哭著，「我年輕時所做的蠢事，難道竟毀了一個年輕人的人生嗎？」

　　我從此沒再見到肯恩，雖然我常希望在一些聚會場合能看到他，但他從沒出現。我嘗試去找尋他的住處，但總是徒勞無功。也許是我不夠努力，這段回憶是如此的痛苦，「主啊！」我祈禱，「請告訴我，我該如何做才能從這個大罪中尋得救贖！」

　　當我禱告時，恰好站在我們隔壁露營車的前面。到底是什麼樣的人住在那裡？凱倫和我只知道他們聰明漂亮，有三個小孩。一段時日後才得知，先生名叫湯姆‧貝格，太太叫艾蕾絲‧貝格。太太有好工作和技能，當電腦操作員；先生曾去過越南，說流利的英文和納瓦霍語，是一個技術高超的電機技師。但我站在庭院禱告的那天，他們對我來說仍是神祕客。

　　我們試著伸出友誼的手，做個好鄰居。凱倫帶著做好的麵包及其他好吃的食物造訪他們。艾蕾絲只會把門開個小縫，有禮貌、微笑地接下食物，然後就關上大門。當我

們看到他們時總會揮手、打招呼，但他們依舊冷漠。我們懷疑到底是有什麼問題。

　　之後的一個夜晚，我們聽到發狂似的敲門聲。我還沒走到門口，門鈴和敲門聲又再度響起，我迅速打開門，隔壁三個小孩中的老大，十一歲的崔西正站在門口。她的眼神充滿驚嚇，眼睛睜得好大，「快點來！」她哀求，「我爸爸要殺死我媽了！」

　　我停頓了幾秒，心裡快速忖量著。直覺認為也許我應打電話給警察，不要插手管鄰居的家務事，可是如果這麼做的話，我可能永遠也無法向他們傳福音。我急忙衝出門、跑過庭院，大力敲打他們家的大門。裡面傳來撞擊、尖叫和扭打的聲音，我發覺沒有人來開門，所以急忙用力推開，衝了進去。

　　那男人站在臥房裡，靠著牆壁，呼吸困難地喘著氣，眼睛惡狠狠地看著他太太。她坐在地板上，扶著受傷流血的鼻子和嘴巴啜泣呻吟，她褐色的臉頰淤血腫脹。當我走進房間，那男人根本不看我，兩眼一直瞪著他太太大叫、咒罵，有時說英文、有時說納瓦霍語。他朝她揮拳，但是

落了空。他太太尖叫，在他面前發抖縮瑟。他又再度揮拳，又落空。我知道他只是在威嚇她。房間內充滿了濃濃的酒精味。

我無法袖手旁觀，所以走到他們兩人中間，扶她站起來。

「喔！你居然叫牧師來拯救你，哼？」他咆哮著。

「住手，放過她！」我說。

「哦──，是誰叫你來的？滾出去！」他咆哮著回答。

我靜止不動，冷靜地說：「我只想幫忙，我可以通知警察來，可是我沒有，這樣做不能解決問題。如果你這麼恨她，**就離開**，可是別痛揍她。」

「那是她的錯！」他大叫，然後他們開始互相大罵，指責對方。他又開始向她揮動拳頭。

我只有五呎九吋高，而湯姆有六呎一吋。可是我從後面抓住他，雙手從他腋下伸出夾住他的手臂固定，手指則緊壓住他的後頸部。當他太太看到他無法脫逃時，開始攻擊他，拉扯他的頭髮。

「快住手！」我大叫，把他推向一邊的牆壁，把他

太太推向另一邊。這不難做到，因為他們倆都處於半醉狀態。我站在他們中間，三人氣喘吁吁地，只見兩個較小的孩子畏縮在牆角，輕聲啜泣著。

當我們呼吸和緩、心跳恢復正常後，我說：「讓我們坐下來，像正常人般理性地好好談談。」

他們跌跌撞撞地走到起居室坐了下來，從衣著看來他們曾精心打扮，好似才從派對回來。兩人沉默不語，但我已決定除非他們之中一人先離開，否則我就待著不走。幾分鐘後艾蕾絲站起來，小孩跟在她後面一起走了出去。

那件意外就此揭開了他們家的神祕面紗，不久凱倫和我得知，他們是這個地區最聲名狼藉的家庭。多年來經常是報紙上的頭條人物。湯姆高大英俊、頗具陽剛氣息；艾蕾絲很迷人，喜歡賣弄風情。他們兩人都愛喝酒，互相妒忌對方。當酒精作祟時，兩人的戰爭就爆發了。

我思考著該如何處理，要報告區會撤銷他們的承租權嗎？如果我這麼做，就會失去勸導他們成為基督徒的所有希望。主耶穌會怎麼做呢？我認為主耶穌會是他們的好朋友。「好的，主耶穌，我會嘗試去做。」我心裡想著。

有一次因為有人出言不遜惹惱了湯姆，他就舉槍威嚇對方。當他惹上麻煩時，我陪他上法庭；當他入獄時，我幫忙將他保出來。

凱倫和艾蕾絲及孩子們變成朋友。她為他們舉辦小型派對、做餅乾。有時發生麻煩時，艾蕾絲和孩子們、或只有孩子們會過來避避風頭。兩、三輛警車疾駛到他們家庭院前，車頂的紅藍警示燈閃動著，警察們則衝進屋內調解糾紛。

有一個晚上，我因舉行佈道大會不在家，凱倫正躺在臥房床上閱讀。突然間臥房後門被打開，艾蕾絲衝了進來。她看到凱倫，說了一句「對不起」，然後快速穿過臥房跑走。幾秒鐘後湯姆拿著掃帚追趕衝過臥房。凱倫就在原位，看著這一幕在她眼前快速閃過。我們已習慣了他們這種行為。因為他們的醉酒和爭吵，整個世界顯得更加醜陋不堪。

每次事發後，湯姆會清醒個幾週，找到工作、賺些錢。然後又開始狂飲。他不只花光所有的積蓄，還會做出破壞性的舉動。有一次他撞壞了他的新車；還有一次他丟

重物，把他們家豪華的大螢幕電視機給砸了。

　　我經常趁湯姆清醒時，到他家和他談有關上帝的愛。一開始他總有託辭，但我持續地拜訪、友善對待他，他終於了解我們關心他，並且開始願意傾聽。其實他曾對屬靈事物有興趣，讀過一些基督教書籍，甚至去過教堂。有浸信會的朋友曾教他如何作個基督徒。可是我發覺他需要了解追隨主耶穌的意義，知道讀經、靈修的重要性，且明白我們必須教導子女並與他們一起禱告。這些對他來說全是新觀念。

　　我們籌劃另一個〈啟示錄〉講座，我真心希望能邀請到湯姆和他的家人。有一天我告訴他：「湯姆，你欠我一份人情。」

　　「你是什麼意思？」

　　「我陪你去法院，支持你，曾幫你擋過警察，我一直都是你的好鄰居，現在我要你的回報。」

　　「好吧，道格，你要我做什麼？」他問。

　　「我要你來參加即將開始的佈道大會，」我說，「我們要研讀〈啟示錄〉，你會喜歡的。」

「喔，拜託不要，道格，我不能參加。」

「為什麼不行？」我反問，「你可以只來一、兩個晚上，如果不喜歡就不用勉強。」

「好吧！我會參加。」他說。

「你會說到做到嗎？」我不放心地問。

「是的。」

我知道必須在他清醒時和他約定好。

其他的教友就沒這麼樂觀，「你沒辦法和納瓦霍人做任何約定，」他們提醒我。「如果有五十人來參加就算幸運了，一般大概只能有十到十五人左右。」

「我們把目標設定在一百人左右，」我告訴我的小教會。「神的臂膀夠寬厚，祂會祝福我們。」因此我們禱告，希望有一百人來參加。

第一天晚上，連同小孩，一共來了三百七十五人！體育館內擠滿了人。「這是我在美國的印地安人中見過最壯觀的場面，」黎羅伊‧摩爾告訴我們。「真難以置信，突然間這些人都想聽福音。」

整個晚上最讓我激動的，是當湯姆和他的家人到達

時。當時好多人湧進會場，我們辛苦的同工們正應接不暇地幫忙登記。

「我可以幫忙嗎？」艾蕾絲問正在快速工作的凱倫。

「你當然可以！」凱倫感謝地說。她幫艾蕾絲在桌上安置了一個服務點。

當大會進行時，有趣的事出現了，我看到這家庭開始產生改變。艾蕾絲開始微笑，然後小孩們也笑了。湯姆和艾蕾絲，甚至連他們最大的小孩崔西，也一起參與問題的討論並提供答案。

他們坐在前排，我觀察他們的學習、思考及作答。當我們討論時，他們會舉起手來，有時就逕自回答。

大會連續舉行六週，一週六個晚上。有一個晚上當我開始講道時，湯姆不在他的位置上。我的心猛地往下一沉，心裡大聲呼求：「主啊，請別讓他再去喝酒！」幾分鐘後看到他回到他家人旁的位子時，我才鬆了一口氣。

我察覺他們的家庭生活也開始改變。有一天我從窗戶望見湯姆和艾蕾絲，正把地上散落的啤酒罐撿起，放到塑膠袋裡。然後他們耙草，整理庭院。幾天後凱倫和我又看

到他們全家正在一起挖土，要做個花園。湯姆和艾蕾絲拿著水管笑鬧著互噴對方。小孩們也跑向他們的父親，大聲說：「我們也要玩，噴我們！」湯姆就將水噴向他們。一下子每個人全身都濕了，空氣中充滿了他們快樂銀鈴似的笑聲。

這是多麼明顯地不同啊！在〈啟示錄〉課程開始前，我從沒見過這些孩子們在他們父母面前微笑，更別說是大笑了。事實上，他們一向都到我們的房子裡玩，根本不在他們自己的庭院裡玩。

有一個安息日，很讓人意外的，他們來參加安息日學和崇拜聚會。他們是一個多麼引人注目的家庭呀！不但穿著得體，而且從湯姆、艾蕾絲到三個小孩，每個人都長得好看極了！

在〈啟示錄〉講座結束時，幾乎有一百人表示他們相信也願意受浸歸主。有人曾提醒我們別急於為納瓦霍人施洗。「他們是如此善良，一心只想取悅他人，」黎羅伊告訴我們，「你必須證實他們願意受洗是因為他們受到聖靈的感動，並非只想討好某些人。」

　　所以我們在施洗儀式前仔細地探訪每個人，當然這花了些許時間。在等待的期間，我們繼續舉行聚會。湯姆和艾蕾絲忠心地參加安息日的活動。有一天我的口譯員缺席，我不知如何是好？我只會少許的納瓦霍語，而很多老一輩的納瓦霍人根本聽不懂英文。

　　「我來翻譯！」湯姆自告奮勇，而他也真正做到了。看到這些納瓦霍人的身體往前傾、好似不想漏掉他翻譯的每一個字，而湯姆泛紅興奮的臉在他們前面閃耀著，真讓我感動落淚。他不只是在翻譯，他也在教導他們。我無從得知那天是湯姆比較快樂，或是我比較快樂。幾個月後湯姆和艾蕾絲受浸歸主，因著福音對那個家庭所作的改變，讓整個世界變得更加美好！

17
回到故居

我急忙跑進房內，紗門隨後砰然關上。「誰想去科維羅？」我大喊。孩子們跑了過來，凱倫將最後一盤麵包放入烤箱，以雀躍的眼神看著我。

「我們要去，我們要去！」孩子們異口同聲說著。

「為什麼我們要去科維羅？」凱倫問。

「戴夫打電話給我，我需要回家處理我們小屋的一些事情。你整理行李需要多久？」

「得等到麵包烤好才能走，」凱倫說，「可是我現在可以馬上打包行李。」

「不必那麼快，」我說，「實際上我們明天早上才能走，不過我們會早早出門。」

隔天清晨，每個人一聽到聲音就馬上起床，在黎明之前我們上路了。

「我們會去拜訪喬牧師和師母嗎？」車開上公路時米迦問。菲利普斯夫婦就像孩子們的祖父母，他們非常喜歡他們夫妻倆。

「我們當然會去，」我向他保證，「我們還會去拜訪所有的教會家庭。」

我們全家沉浸在回家的喜悅中，車內全是孩子們不絕於耳快樂的笑聲。直到中午，各個不敵瞌睡蟲，談話聲才逐漸消去。車快速地跑著，留我一人陷入回憶之中。

想到菲利普斯夫婦，多麼美好的回憶湧入我的腦海，他們是如此地幫助我的家庭，塑造我們的生命！「他們真正把宗教實踐於生活之中。」我想。我的思緒回到早期我們剛認識的情景。

「我該怎麼辦？」有一天我沮喪地問凱倫，「如果我要賣木材的話，我必須要有一組電鋸。這也是能多賺點錢，好支付土地分期款項的唯一途徑，可是銀行卻斷然拒絕我。」

「為什麼？他們怎麼說？」她問。

「理由是因為我沒有存款，所以他們不能貸款給我。」如果我不是一個成年人的話，我可能會大哭一場。在還沒付頭期款之前，我就要這樣失去我的土地嗎？

「但是如果你不能貸到錢的話，你怎麼可能會有存款呢？」她憂慮地看著我。

「那正是我問他們的！」我說，「他們可能貸給別

人，但卻不願冒險借給像我這樣的人。對他們來說，我只不過是個邋遢的嬉皮罷了。」

　　然而當喬牧師聽到了我的困境後，馬上從他口袋中掏出支票簿來開始填寫。

　　「有錢時再還我，」他說，微笑地將美金三百元支票交給我，我頗為吃驚。這個人和我並不熟識！我下定決心，我的首要任務是儘快還錢，而後來我也做到了！

　　在我出生前喬牧師就已「退休」，搬到科維羅，他在那裡蓋教堂，後來還建了一所學校。有些傳道牧師將教會事工視為有退休保障的事業，但喬牧師卻不這樣認為。他拒絕退休，要一直為主工作直到蒙主召喚為止。

　　我不能不驚嘆他的生活方式。他八十幾歲回到科維羅，親手蓋自己的房子！當然有人幫忙，但他是其中做得最起勁的人，搬大木頭，活像是個五十多幾歲的人。

　　「這一定跟素食生活型態有關。」我記得有一天我曾這樣告訴凱倫。我想起他們自己種的美味蔬菜。實際上他們是依靠自己菜園裡的食物，自給自足。他們這麼做有兩個原因：一是為了健康，另一個也同樣重要，是為了省

錢。食物的支出愈少，他們就有更多錢用在傳播福音上。他們還從每個月微薄的薪資中，捐出超過百分之五十，用在各項救助活動和計畫上。

我很清楚這個熱忱奉獻的牧師，是如何克盡其力為我禱告，幫助我下定決心跟隨基督。喬和米利安有一列超過五十人的名單。喬每天早晨都會說出他們每個人的名字，為他們禱告，也為他們的困難和幸福代禱，而且他也花大量的時間在讀經上。我相信這就是他屬靈能力的祕訣。他似乎從未不耐煩或發脾氣，在承受極大壓力時，他也總是保持著溫和、仁慈的鎮靜。

至於菲利普斯太太，她的生命是一個多麼有力的見證！她總是陪在她丈夫身旁工作，甚至幫忙蓋房子。我記得當時她先生搬了一塊長木料，轉身時硬生生地打中了她，「喬！」她說。

「哦，對不起，親愛的，」他回答。兩個人又繼續他們的工作，想到此我不禁大笑出聲。

「你在笑什麼？」凱倫從小睡中醒來。

「噢，我只是想到菲利普斯夫婦。」我說。

「他們真是寶貝的一對，不是嗎？」她說。

「自從菲利普斯太太嫁給喬牧師後，我想她的守護天使常常需要超時工作。還記得那時喬牧師倒車時幾乎撞上她？」我問。

「我記得！」她說，「他們倆讓我想起小時候常看的『勞萊與哈台』的電影。」

「沒錯，這個比喻真傳神！還記得有一次我們看到高速公路上有一輛車下錯車道，結果發現坐在車上的人居然是菲利普斯夫婦他們。」

「我記得！那次太驚險了，」凱倫大笑，「現在覺得很好笑，但當時他們可能會出意外。他們真是一對寶，菲利普斯太太應該比她先生高一個頭，她咧嘴笑時，幾乎像是把兩個耳朵連起來。」

「菲利普斯太太是我見過，唯一會在牧師講道中途站起來，打斷牧師談話的人。」想到這，我又笑了出來。

「可是她從不會無禮。」凱倫緊急為她辯護，「我喜歡她閉著眼睛，一字不漏地唸出《聖經》章節的樣子。」

「對啊！」我同意，「她的臉發著亮光，我總覺得她

那樣做時，我們好像是在聆聽直接來自天國的信息。」

「我想每一個人都這麼認為，大家都會停下來全神貫注地傾聽。」凱倫說，「無論如何，喬牧師似乎也很欣賞。」

到加州的旅程頗為辛苦，我們未在路上稍作停留，一路直達我們的目地的，並把車開入庭院。我們當然很高興看到我們山中小屋依然佇立著。大家全身僵直疲憊地下車，「每個人幫忙提些東西進去。」孩子們急忙衝進門時，我提醒他們。

在科維羅的時間過得很快，要做的事太多，而時間卻太少。我們倒是拜訪了菲利普斯夫婦，並與他們共度了一段美好的時光。

「嗨！媽媽！看看誰來了！」喬牧師跑出門外迎接我們，並通知他的太太。男女主人給每個孩子幾番擁抱、歡笑，說了無數次「看看你都長這麼大了」之後，我們才全都進去房間裡。

整個屋子都是煮蘋果的香味。菲利普斯太太正在做蘋果醬，喬牧師幫忙削皮。「別停下你手上的工作，」凱倫

說，「我們都進來廚房幫忙吧！」菲利普斯太太給每人一件圍裙，我也幫忙削蘋果皮和去果心。

「你身體看起來很硬朗！」我告訴喬牧師，「你現在幾歲了？」

「我九十三歲了，道格，真的活到這把年紀了！」

「真是不可思議！」我搖著頭說。

他停下手中的工作，身體靠著爐台，「道格，你知道我身體變差了，削這些蘋果就能耗盡了我的體力。但是只要我還能做，我願意做多少算多少，盡我所能時常幫助人。」他的真心話幾乎讓我感動哭泣，他真的是為了祝福人和服事人而活。

我們四個人合作，很快就把蘋果處理完畢，然後我們清洗雙手後，圍坐在桌旁。

「道格，」喬牧師說，他泛著淚光的雙眼注視著我。「我不僅認為，主選召你成為傳道人，而且很『肯定』就是如此。我不確定的只是這事會如何成全。你有太太和小孩，生活不容易。但如果上帝選召你，那是祂的問題，祂會解決的。」

「希望是如此。」我想到我人生中白白糟蹋了多少的機會。就以正式受教育而論，我根本還沒準備好當個傳道人呢！

　　「因為我堅信上帝一定會選召你，所以我已立下遺囑，將我全部的書都送給你。」喬牧師說。「走，我帶你去看我的圖書室。」我們站起來走進他的書房，女士們跟在後面。書房裡整齊排列了一排又一排的書籍。

　　「他們是從哪裡來的？」我驚訝地問。

　　「哦，這裡一點、哪裡一些的，別忘了，我作傳道人超過六十年，這麼長的時間自然就累積這麼多了。」

　　「對啊，而且他也曾是區會會長，經常在外旅行。」菲利普斯太太補充。「他每到一個地方就是買書。」

　　我輕聲吹了個口哨，這些書足夠花上三輩子的時間來讀完！

　　「你們能待幾天？安息日（星期六）會待在這裡嗎？」喬牧師問。

　　「會，安息日我們會在這裡，但星期日一大早就得離開。」我回答。

「很好，那請你講道好嗎？你所有的朋友都想見到你，聽你講道。」

「我很樂意，牧師。」我肯定地答覆他。

和朋友度過愉快的安息日後，我們又回到新墨西哥州，繼續在那裡為納瓦霍人工作。幾個星期之後，我們接到喬牧師過世的消息。他夜晚從床上跌下、虛弱得站不起來。他的太太試著扶他回床上，但她一人無能為力。

「不要擔心，媽媽，」他說，「只要幫我蓋個毯子就好，我在這地板很舒服。」他的太太替他蓋好毯子，等待隔日有人來幫忙，可是到清晨他已過世了。我很欣慰能在他過世前的兩個星期時還能見到他。

有一天，電話鈴響，「我是理查・許華茲（Richard Schwarz），北加州區會的傳道協會幹事。」那聲音說。我記得過去曾見過他數次。「道格，我們已聽說你在納瓦霍地區的成就，我們正在探詢你來北加州做傳福音工作的可能性，你有興趣嗎？」

我會有興趣嗎！我的家，我所有的朋友都在北加州，這消息好到令人難以置信，但我儘量不要表現的太興奮。

「你心裡有沒有特定的教堂？」我問。

「這個，有啊！」他回答，「有幾個教堂在我們考慮範圍之內，其中一個在科維羅小鎮，你可能沒聽過吧？」

我聽了之後一陣暈眩，在北加州一百三十個復臨教會中，這是我最想去當牧師的地方！

凱倫在一旁推我，「快答應他！」她悄悄地說。但儘管我心意已定，我知道還是必須交由主來決定。

「我們會討論一下並為此禱告，」我說，「我會再與你連絡。」

凱倫說：「當你禱告時，我要開始打包行李了。」

如果這不算奇蹟的話，那我可就從來沒見過神蹟了！我需要一個像科維羅這樣的教會，因為那裡的朋友們知道我才疏學淺，而他們還是一樣接受我。我們的老朋友們得知我即將回去當他們的牧師，都非常興奮。

當我終於抵達那裡時，我發覺我對牧養工作多麼不熟悉，我甚至不知道如何主持教會的堂董會。我提出一項動議，然後居然自己又附議！然而，這裡的人們耐心地包容我、愛我、支持我度過一切難關。因著主的施恩賜福，會眾

不斷增加。我們買下隔鄰的產業,在原教堂旁再予擴建。

在我的堂主任職責裡,也需要召開佈道大會。我第一次舉行佈道會就是在科維羅,第一晚大約有一百人來參加,而大會進行期間,一直都有很好的出席人數。最後有十二人接受基督為救主,並在當年受浸歸主。在我短暫的堂主任工作中,會眾從八十六人增加到一百十二人。

佈道的工作占據我愈來愈多的時間,最後我提出請求卸下堂主任的職務,好讓我能全職從事佈道工作。最近我再度回到科維羅,在安息日的早晨講道。當我看到會眾,見到許許多多和我關係非常親密的教友。嘉兒是我們搬到科維羅時遇見的第一人。當時她和我們一樣是嬉皮,我邀請她來聚會,現在她已是忠心的教友,她的媽媽寶琳也是。

菲利普斯家的孫女艾薇娜,答應了她祖母的請求來參加聚會,現在也是復臨教會的忠心教友。菲利普斯太太常說:「如果喬能夠看到你回來,在他蓋的教堂當堂主任,他會多麼以你為榮!如果喬能看到他的孫女在你的佈道大會中受浸歸主,他會多麼高興!」然後她喜極而泣。

接著是約翰,他在教會裡長大,年輕時離開外出,在

外面的三十年間偶而到長老會參加聚會。當佈道大會一開始，他就很忠心的參與，是我施洗的第一人。現在他是個熱心的教友，在安息日學教課，並和嘉兒的媽媽結婚。

然後是瑪塔！看到瑪塔，便勾起了一些令我難以忘懷的回憶。這個故事很長，但很值得被傳講。

雖然我對復活節的晨曦崇拜聚會有複雜的感覺，但我還是決定去參加。能和城裡其他傳道人交通和互動是件好事，同時我對復活節的故事一直興趣盎然。他們邀請我做晨間禱告，所以我穿上西裝、打了領帶，開車前往市區。

聚會結束後我上了車，朝家的方向開著，可是當我經過五旬節信心福音堂（the Pentecostal Faith Tabernacle）時，有股強烈的念頭驅使我要停車，進去那間教堂。我覺得那一天我好像應該在那裡講道。「可是為什麼我要這麼做？」我問自己，「我是復臨教會的牧師啊！」

我繼續往前開，然而心裡卻強烈感覺自己違背了上帝，所以我又調頭往回開。「我要怎麼做，才知道這不是我自己在胡思亂想？」我持續與自己爭辯。「難道我要走進教堂，邁步向前，告訴牧師說：『神要我今天上午在此

講道，所以你可以離開，在一旁坐下。」嗎？我一定是累壞了吧！」再一次我又迴轉往回家的方向開。

我已記不得來來回回開了幾次，心裡不停的爭辯，並祈求主的引導。最後我開回家準備吃早餐。扯掉領帶放在衣架上，到冰箱拿了一根香蕉，可是心裡一直覺得自己就像約拿一樣是個逃跑者。「噢，主，我真的不明白，可是我最好還是去吧！」所以我又打上我的領帶，開門出去。

「你要去哪裡？」凱倫問。

「去教堂！」我說。

「喔？」那是她唯一的反應，因為我常有出其不意的舉動，她也見怪不怪了。我把車停在信心福音堂前面。當我走進教堂時，聚會正在進行中，準備證道的牧師正邀請會眾們在講道之前跪下，祈求聖靈充滿。我悄悄進去，走到後排並跪了下來。

五旬節教會的禱告方式和大部分的教會不同，他們禱告的時間很長，他們不只在心裡默禱，有些會大聲禱告、有些喃喃自語、有些說方言（靈言）。我隔壁女士的禱告好似在說有關日本的摩托車。至於我，我祈求主告訴我，是

否是祂帶我到這裡，或者這些全是我自己的幻想。

當我禱告時，腦海裡得到一個景象，大家都禱告完畢後，牧師會來邀請我上台講道。「可是我要說什麼呢？」我跪在那裡想著。然後一篇有關「抹大拉的馬利亞代表教會」的完整講道，就這樣浮現在我腦海裡。

大家禱告達到一個高潮後漸漸安靜，教友一個接一個地站起來坐回位子上。我也起身重新坐回椅子上。接著雷‧赫爾牧師走上講台，直接注視著我說：「今天我看到我們復臨教會的弟兄在這裡，牧師，今天早上你願意為主向我們說幾句話嗎？」

我知道他的意思是：「你願意作見證嗎？」我心跳加速，但試圖隱藏內心的興奮，儘可能地平靜。我站了起來說：「牧師，你很清楚的，我們傳道人不可能只說幾句話的。」我笑了笑，準備坐下去，但他又說了：「那麼你何不上來講道呢？」我的心臟在胸腔裡快速而有力地跳動著，心想：「這不可能吧！」當我手中拿著《聖經》走到前面時，感到從未有的確信，是上帝以這麼不尋常的方式引領我到這教堂來，我只是站在祂要我去的地方。我知道

祂會指導我，教我說智慧的言語。

當我走向講壇時，好似走在雲端般，然後翻開《聖經》到〈約翰福音〉第八章。每件事好像都先預演過，我開始講到外遇的女人，所有的教義從我口中滔滔不絕而出。聽到好多聲的「阿們！」「讚美主！」「講吧！弟兄！」，這讓我知道聽眾與我同心，令我倍感窩心。（我希望在復臨教會可以多加強這些。）

最後我呼召獻身，好多人走上台來與我們一起禱告。最後一個人離開後，赫爾牧師過來，淚流滿面。「道格牧師，」他泣不成聲地說：「今天早晨是上帝派你到這裡來。」

我好奇怪他怎麼會知道這件事。

「我今天生病，」他繼續說，「不曉得該怎麼辦，所以一直為此禱告，我要求太太代為講道，可是她怕得要命。所以你看，道格弟兄，神應允了我的禱告，派你到這裡來。」

自從那天後，我從不懷疑在每個教會裡都有上帝的子民存在，不論他們的信條和教義為何，祂都聆聽並回應他

們的禱告，並且在耶穌再來以前，我們所有守上帝誡命和耶穌真道（啟示錄14：12）的人，要連結為一體。那天我離去前，他邀請我下次再去，我也肯定地答應他。

現在說到我如何遇見瑪塔。另一個星期天，我真的又再去信心福音堂，發現有一個西班牙裔女士坐在我前面。我看得出來她聽不懂英文，所以很快地求告主幫助我作她的朋友。我剛禱告完，牧師就說：「現在請站起來，和你周圍的人握手。」我知道神已為我開了一條路，所以當會眾互相寒喧問候時，我用西班牙語問候她：「你好嗎？姊妹。」我曾和一位墨西哥室友學到一些西班牙語。

當她聽到自己熟悉的語言時，臉上綻放出燦爛的笑容，開始連珠炮似地說個不停，速度快得我無法理解。我舉起手，「等一下，」我說，「請說慢一點。」然後用我結巴的西班牙語問她：「你聽得懂這裡的講道嗎？」

「不懂，」她說，「可是這裡是上帝的家，所以我來了。」

「我在星期六上教堂，我們有一些會講西班牙語的教友，下星期六請你來參加聚會。」我邀請她。

「太棒了！先生，」她說。果然，下一個星期六她來到我的教堂，不久她的孩子們也來了。現在她和她的孩子都是復臨教會的忠心教友，她的小孩就讀於本會的小學。所以那個安息日，當我在復臨會眾中見到瑪塔和她的小孩時，我格外覺得高興。

不久之後有一個晚上，我們正前往參加祈禱會，看到一輛救護車停在菲利普斯太太家門前。她患了腦中風，一直沒有恢復意識，幾天後過世。她的孫女發現她的《聖經》和學習小冊子擺在椅子旁的桌上。那一天是星期三，而她已在星期三的單元用顫抖的筆跡填上解答。那個早上她最後寫下的是：「我們將不會死」。

當然每個人的死都是第一次，在〈啟示錄〉二十章裡提到：「第二次的死不會臨到義人身上。」菲利普斯太太對此當然有絕對的信心。

能主持她的追思禮拜是我的殊榮。教堂裡擠滿了她的朋友和鄰居，到處都是送來的花，幾乎就像是個慶祝會。偉大的戰士已打敗了罪惡，獲得勝利，並脫下了她的盔甲，平安地躺在一個沒有撒但的地方，等候耶穌復臨。我

不會為她感到難過，事實上，我羨慕她。接下來，她會聽到耶穌召喚她從墳墓起來，就如同在〈帖撒羅尼迦前書〉四章十六、十七節裡的應許一樣。她會感覺到永生之泉流過她不朽的身軀，之後和她摯愛的喬在一起，那將會是多美好的相聚啊！他們會照《聖經》最後兩章所描述的那樣，在光輝燦爛的城內，走在黃金鋪成的街道上。

葬禮結束後我去拜訪她的兒子。他尚未將他的心託付給主耶穌，我希望能找些話來鼓勵他。

「你知道你媽媽是那麼愛你，她每天為你禱告，」我說，「她一直為你禱告直到她過世的最後一刻。」

「我知道，」他說，「可是你不必為我禱告。」

對這個酗酒、言語粗魯的人，我該怎麼說才能打動他的心呢？「幾年前如果你認識我的話，你絕不會相信我會變成一個基督徒。我今天能有如此的改變，你的父母幫助我很多，他們是真正的聖徒。」

「我知道，他們是聖徒，」他小聲地說，低著頭用手撫弄著他的帽子。「可是他們不是一開始就是這樣，他們是逐漸變成聖徒的。」

這些話給了我希望，我也能變成聖徒，當我仰望主耶穌完美的榜樣時，我說：「我可能還有很長的路要走，」可是當我回頭看祂引導我所走過的路，就給了我莫大的勇氣。我知道祂在我身上還有許多未完的工，如果我能完全放下自己、向主敞開，祂就會在我身上繼續做祂得勝的工作，將來有一天祂將引領我回到天家。

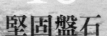

18
堅固盤石

不久以前，我帶家人到南加州度個短暫的假期，我們在沙漠溫泉市發現一家有著美麗山景的小旅館，而那座山，曾經是我的家。

「爸爸，我們一起去爬山，到你的山洞看看！」我第二個小孩、也是最大的男孩米迦*說。他總是對山洞的故事充滿興趣，瑞秋寧願和她媽媽逛街，丹尼爾只有五歲，不適合這令人筋疲力盡的旅程。

隔日一大早凱倫載米迦和我到棕櫚泉，當我們經過市區時，我發現人事已非，老舊的美菲市場已關閉，變成木造的建築物。我的街友也全都不見了，我們常去的「信心中心教堂」也搬走了，甚至當我們開始走向峽谷時，山景也全變了樣。

上次我走在這條小徑上已是八年前的事了。在這期間，聖加西圖山（Mt. San Jaciento）曾發生森林大火，這地區還經歷過中度地震和大水患。往昔曾是地標的沿路大樹，如今只殘留著被燒黑的木椿。在過去好幾個不同地點的舊路徑已被水流沖失而另闢小道，就連小溪流經的水道也改變了。

雖然米迦只有七歲，可是他像個真正的士兵，埋頭趕

路，從沒抱怨天氣熱，也不抱怨他的小背包重。

在上山的路旁我指著前方。「我們到上面的方形池休息，」我說，「那裡很棒，我們可以休息、潛水、游泳，清涼一下。」可是當我們到達方形池時，發現水池已被填滿了沙，我們只能從上面走過，到附近的瀑布沖個涼。

我開始擔心我的山洞是否依舊如故？我會看到什麼情景呢？

大約走了兩個半小時的上坡路後，我們抵達這趟旅程的最高點，大約離棕櫚泉四千呎高的山上，鳥瞰著這座沙漠城市的全貌。我們停留了大約十分鐘，陶醉於山嵐美景中，也喝了少許的水。

短暫的休息後，再度揹上背包，開始走下坡路到第三峽谷。環境變得較為熟悉，而我的心跳也開始加速——大半是因為興奮、而非因走路的關係。當我們繞過山脊，看著第三峽谷就在正前方時，我停下腳步休息一會兒，順便欣賞這景致。

「爸爸，你在看什麼？」米迦問。

「我的盤石。」我輕聲回答。

在我們站立之處，周圍全是石頭環繞，對那些未能
身歷其境的人，我的描述可能無法令其體會全貌。但在那
山谷中有一塊盤石，就像一顆籃球巍然矗立在一盒彈珠裡
般。我曾住在這大圓石的庇蔭下一年半的時間，有無數次
走在這地球最熱的地方。爬上四千呎荒蕪的沙漠高山後，
我繞過山脊，看著我的盤石。對我而言，它代表著休息和
庇蔭，也告訴我那個有食物、飲水的家就在不遠處。偶而
地震發生時，山上的土石四處落下、一路滾到山谷裡，但
在我的盤石保護下，我從不害怕。

經過了這麼多年再度重逢，它依舊沒變，不禁讓我熱
淚盈眶。「來吧，米迦，」我說，「我們快到了！」我繼
續往前走，免得他發現我眼中的淚水。

大約十分鐘後我們到了山谷底，繼續沿著小溪走著，
我忍不住說起往事。「米迦，那邊是我常做三溫暖的地
方。」我指向小溪的一側。「我都是先把大石頭放在火裡
燒得很熱，然後用鏟子把它鏟起來，放到塑膠帳棚裡，我
在裡面把帳棚口關緊，然後在熱石上澆水，不須幾分鐘我
就會熱得跑出來，潛入那邊的大水池裡。」

米迦好奇的睜大了眼，專注聽著。

片刻之後我們爬過兩塊石頭中間，跨過大木頭就進入我的山洞庭院。所有的一切幾乎沒有任何改變。被燻黑的洞頂、我的石頭和木頭組合椅，還有火爐，都和我離開時完全一樣。臥室地上我鋪的細沙已被水沖走，可是它仍像個家。

我知道米迦一定很累了，可是他喜不自禁，背包一放下就出去探險。我休息幾分鐘後打開行李並開始紮營。米迦回來後，我們去水池裡游泳，這個時節的池水感覺特別清涼。

我們在落日餘暉的照耀下曬乾身體。「米迦，天快黑了，」我說，「我們最好找些木柴作為今晚生火之用。」我們在太陽下山以前，找了一大堆木柴。我們早已飢腸轆轆，所以連忙生火煮食物。

「爸，」米迦吃完最後一口豆子時，說：「你在山洞的什麼地方發現《聖經》？」

我手指向山洞，「看到靠近我臥房山洞那個壁架嗎？《聖經》就放在那上面。」

「後來那本《聖經》呢？」

「我開始讀它後不久，有一次不小心把它掉入溪裡，」我說，「後來它膨脹浮了上來，字跡已不清楚，所以我的朋友葛倫又送我一本新的，我不太記得原先那一本後來怎麼樣了。」

我們做完睡前禱告，並多加了些柴火，米迦鑽進睡袋還不斷問著生活在這荒野山洞的情形。

終於他安靜地睡著了。營火的光跳躍在山洞石壁上，這影像多麼熟悉。有隻袋鼠跳過山洞前的地上，停了一會兒，牠看著我像是在問：「這些日子以來，你都去哪兒啦？」然後又跳開了。我伸手從背包裡拿出《聖經》隨意翻開，就著營火讀〈馬太福音〉七章二十四、二十五節。耶穌說：「所以，凡聽見我這話就去行的，好比一個聰明人，把房子蓋在磐石上；雨淋，水沖，風吹，撞著那房子，房子總不倒塌，因為根基立在磐石上。」

我思考著：「在《聖經》裡耶穌多次被比喻為磐石，祂被稱為房角石、穩固根基，以及從高山鑿成的磐石，甚至十誡也是寫在石版上，以表示永恆不變。在這眾多象徵

耶穌的表號中，我最喜歡的便是〈以賽亞書〉三十二章第二節，它將耶穌比喻成在疲乏之地遮蔭的巨石。耶穌就如我的山洞巨石，歷經風吹雨打、大火和地震，依舊屹立不搖。耶穌一直在那裡，祂可靠、慈愛並提供我避身處，讓我遠離屬靈的寒冬與暑夏。」

我把《聖經》放在石頭上，腦海裡帶著猶存的快樂幸福的思緒鑽進睡袋裡。不曉得是地上變得更堅硬了，或還是我身體已變得虛弱，輾轉好一段時間才覺舒服些，在流水細語聲中我逐漸進入夢鄉。

隔日清晨好不容易才叫醒米迦。看他半張著眼睛四處張望，試著記起他身在何處？怎麼會在這裡？滿頭的亂髮好似整晚用打蛋器梳頭一般，充滿喜感。

「我們必須早點下山，和媽媽在市區會合。」我說。打開一個罐頭當早餐。

「但是，爸，我們才剛到這裡。」

「我知道，兒子，可是我們的假期快結束了，我們應該高興有機會來拜訪這地方。」

「好吧！」米迦嘆氣地說。

吃完早餐，在水池裡快速沐浴一下，又做完簡短的禱告之後，我們整理好東西，再做最後的巡禮。正當我們準備走出山洞庭院時，米迦叫住我：「你把《聖經》留在那石頭上了。」

「我知道，兒子。」

他似乎懂我的心思，我們開始走下山。

「爸爸，」經過很長一段沉默後，他說。

「什麼事？兒子。」

「你會想念住在山上的日子嗎？」

我不需思索就可以回答。「當然，兒子，在很多方面這裡的生活是單純許多，沒有什麼壓力。」

「爸！」

我知道他的小腦袋正打著主意。

「你曾想過再搬回來住嗎？」

「沒有，兒子，上帝不會呼召我們逃離世界，耶穌說我們需要進入人群，宣傳福音。」

我們繼續沿著小徑下山，兩人沉默了下來。我思考著，而我知道米迦也以他孩童的思維，思考著他的問題。

我對我所有的孩子充滿了感謝，但今天早晨我有一種和米迦特別親近的感覺。上帝透過我的小孩，在很多事情上顯現祂的愛，而經由米迦，我學了一門最偉大的課程。

　　大約五年多前的一個早上，當時我們住在科維羅，凱倫和我發現躺在小床裡的米迦不斷呻吟著，眼睛空洞地看著天花板。我們知道一定出了大問題，凱倫趕快抱起他，火速趕往四十哩外、距離我們家最近的醫院。抱著藍眼珠的小米迦衝進急診室，經過一些基本檢查，那個早上值班的年輕實習醫師告訴我們，米迦恐怕得的是脊髓性腦膜炎。他說唯一可以正確診斷的方法，就是做脊椎穿刺，將一支三吋長的針插入米迦的脊椎骨間，而脊椎裡面充滿了神經。

　　當時米迦只是個會說幾句，例如「媽咪」、「爹地」和「香蕉」之類的小男孩。我疑惑他心裡會想些什麼。凱倫不忍看兒子挨針痛苦，離開房間。我站在一旁，兩個護士將我寶貝的身體彎成弓狀，這很明顯讓米迦非常疼痛，因為他開始呻吟，最可悲的是實習醫師，他承認自己做脊椎穿刺的經驗不夠。我心碎地看著那年輕醫師三或四次地

將針用力刺入我小寶貝的背部,只有當父母的才能體會眼看子女受苦那種心痛的感覺。

米迦的眼睛往上看,一再一再地大聲哭著:「爹地……」「爹地……」「爹地……」。我的心已被撕裂,我知道他一定質疑:「為什麼你讓這些人傷害我?你不再愛我了嗎?」而我知道,以他的年紀我無法讓他了解。當時我也非常恐懼,害怕萬一米迦死了,還認為我不愛他了。

最後證實他得了脊髓性腦膜炎,但藉著上帝的恩典,住院十天後他完全康復了。自從那次以後,每當我讀到耶穌在十字架上的故事,祂對祂的天父大聲喊著「我的神!我的神!為什麼離棄我?」時,總會想到自己的親身體驗。自己受苦總比眼睜睜地看著自己的兒女受苦容易多了,而我知道,我們在天上的父愛祂的兒子耶穌,勝過我愛我的小孩們。

祂是如何辦到的?

我唯一能想到的結論是:上帝和主耶穌是如此的愛我們,所以不論如何的痛苦,都願意去經歷這嚴酷的磨難。

這就是我告訴米迦上帝選召我宣傳福音的原因。我

覺得自己有強烈的意願要告訴全世界的人，上帝深愛著我們。我禱告祈求凡讀了我這本見證的人，可以從我的經歷中學習到：幸福不是從豐富的物質生活而來。我歷盡艱辛才明白，這世界能帶給人的快樂不是真實的，那份快樂是個漫天大謊。唯有服事上帝和服務朋友們的喜樂才是真實的，而且它不會讓你在歡樂之後悵然若失。

我知道，因為人生酸甜苦辣我已全都嘗過了。

＊編者按：米迦不幸在2001年4月30日死於工地意外，享年23歲（1977～2001）。

國家圖書館出版品預行編目資料

山洞裡的富豪 / 道格.巴契勒(Doug Batchelor)口述；
馬利蘭.涂克(Marilyn Tooker)著；李鳳娥譯. -- 三版.
-- 臺北市：時兆，2015.04
　　面；　　　公分
譯自：The richest caveman
ISBN 978-986-6314-27-8(平裝)

1. 巴契勒(Batchlor, Doug, 1957) --
2. 基督教傳記

249.952　　　　　　　　　　　104003966

山洞裡的富豪　THE RICHEST CAVEMAN

口　　述	道格・巴契勒（Doug Batchelor）
作　　者	馬利蘭・涂克（Marilyn Tooker）
譯　　者	李鳳娥

董 事 長	李在龍
發 行 人	周英弼
出 版 者	時兆出版社
客服專線	0800-777-798
電　　話	886-2-27726420
傳　　真	886-2-27401448
地　　址	台灣台北市105松山區八德路2段410巷5弄1號2樓
網　　址	http://www.stpa.org
電　　郵	stpa@ms22.hinet.net

責　　編	林思慧
美術編輯	時兆設計中心、林俊良
封面設計	時兆設計中心、林俊良
法律顧問	洪巧玲律師事務所　電話：886-2-27066566
商業書店	總經銷 聯合發行股份有限公司 TEL：886-2-29178022
基督教書房	基石音樂有限公司 TEL：886-2-29625951
網路書店	http://www.pcstore.com.tw/stpa
電子書店	http://www.pubu.com.tw/store/12072

I S B N	978-986-6314-27-8
定　　價	新台幣200元
出版日期	2006年12月 初版1刷
	2009年 8 月 二版1刷
	2015年 4 月 三版1刷